自主老年

世衛在過去二三十年，不斷推動全民健康及基層醫療發展，明確指出要做到人人健康，以及年老時仍然有相當的健康生活質素，則無論是城市設計、公共服務、私人市場運作模式、教育、就業、住屋、食物安全以至社會共融、社區參與和滅貧等方面，均需要社會各界的共同努力。換句話說，這就是「健康城市」應有的規劃。

我和胡教授不約而同地都在社區推動跨界別合作，促進每個人能主動做出健康的選擇。我希望香港社會有一種徹底的改變，無論是我們對生活的想像，抑或是社會文化和社經運作上，不再認為健康純粹是醫療體系的工作和責任。誠如胡教授所說，健康不能單靠藥物、醫生和醫院。

說到底，我們保持健康是為了什麼？還不是因為沒有其他事比好生、好死更重要嗎？

范寧

醫護行者創辦人

毋忘愛主席

胡令芳教授快人快語，直接就拆穿香港人長命背後種種問題：
長者的健康指標怎能與成年人一樣？男女面對的健康挑戰與治
療亦不同，還有疫後長者的孤獨和社交隔離……這本書記錄了
她作為老年學權威，在過去近半世紀，由醫院到社區的觀察。

她敢言，並且認真實踐，透過社區服務、樂齡科技、以及無數
研究改善香港人的健康。七旬之年，心裡有火，教授言行始終
如一，親身示範了歲月沉香。

陳曉蕾

大銀總編輯

到 2046 年，香港老年人口將占總人口的 36%。《自主老年：在
香港老去》是一本及時的出版物，旨在提醒我們，共同創造一個
對環境和社會友善的城市，以促進 100 歲老齡化人口的身心和
社會福祉。

這是政策制定者、商人、非政府組織、老年人和照顧者必讀的
書籍。我們需要協作和跨部門的努力，以促進友善老年的政
策、措施和空間，使老年人能夠主宰自己的生活，而不是成為
被動的照護接受者。

伍美琴

香港中文大學地理與資源管理系教授

香港中文大學城市研究課程主任

自主老年

在香港老去

胡令芳　著

李衛棠　譯

香港中文大學出版社

《自主老年：在香港老去》

胡令芳 著

李衞棠 譯

© 香港中文大學 2024

國際統一書號 (ISBN)：978-988-237-322-8

出版：香港中文大學出版社
　　　香港 新界 沙田・香港中文大學
　　　傳真：+852 2603 7355
　　　電郵：cup@cuhk.edu.hk
　　　網址：cup.cuhk.edu.hk

Take Charge of Your Own Ageing: Growing Old in Hong Kong (in Chinese)
　　　By Jean Woo
　　　Translated by Richard Lee

© The Chinese University of Hong Kong 2024
All Rights Reserved.

ISBN: 978-988-237-322-8

Published by The Chinese University of Hong Kong Press
　　　The Chinese University of Hong Kong
　　　Sha Tin, N.T., Hong Kong
　　　Fax: +852 2603 7355
　　　Email: cup@cuhk.edu.hk
　　　Website: cup.cuhk.edu.hk

Printed in Hong Kong

目　錄

前　言

　　我寫這本書的時候已經七十多歲，並且自1977年起一直在香港任教、研究和行醫。1960年，我的家庭移民到倫敦，我就在那裡讀中學和大學，畢業後在倫敦的醫院中不同專科工作。我個人的老齡化經歷，亦同時涵蓋我在英國的家人以及在香港夫家的經歷。我在私營醫療機構的普通科兼職，其後在公立醫院工作多年，並在1985年加入香港中文大學新成立的醫學院，於新界東聯網成立老人科服務。當時，醫學院的學者領導醫院管理局轄下醫院的服務發展、教學和研究工作。我還記得，當時內科病房的病人背景與現時截然不同：60歲及以上的病人十分少見。當病人被診斷患有腦退化症時，便會引起大家極大的興奮，甚至新成立的老年精神病學科隨即便將病人帶去他們的病房。那時幾乎每位病人都可以自己上洗手間和吃飯。三十多年後，當我不再參

與醫院的日常工作時，大多數內科病房的病人年齡均為80至100歲，他們大都不能或不被允許自行去洗手間。以保障病人安全的名義，對他們施行束縛或使用失禁墊也十分普遍。在冬季，醫院會接收從安老院舍送來的長者，他們大都需要長期臥床，當中患有腦退化症的有時高達三分之一。這些長者所需要的照顧與兒科病房無異：許多他們的親戚或家傭前來幫忙餵食、沐浴和其他個人護理的事宜。當需要依賴別人照顧的長者的需求日益增長，病人的留院時間便逐漸成為績效衡量的標準，從而產生了「旋轉門」（即反覆將病人在安老院舍和醫院之間運送的情況）現象。

我們在新界東聯網擁有一支優秀的團隊：我們在1990年代推行了許多措施，例如減少束縛病人、預防跌倒、使用科技和機械人輔助病人進行康復治療、採用遙距醫療服務支持安老院舍病者，以及與許多社區非政府組織建立網絡。然而，我們未能趕上需求的步伐，滿足這些病人的需求和實際可以幫助病人之間的差距和矛盾迅速擴大。

在我的私人生活中，兩邊的家庭都出現了各種與老齡化相關的問題，需要穿梭於不同的醫療和社會護理系統，以及尋求社區和心理上的支持。我以專業的角度來處理這些問題，不過我逐漸發現，單從這角度處理我所面對的問題並不足夠，儘管老年醫學理應提供個人全面的護理，涵蓋不僅身體上的健康（各種器官系統如何失效），還應該包括功能上

（擁有獨立生活的能力）、社會上、心理上和營養範疇的健康。雖然如此，我認為所有這些努力和經驗都並非徒勞無功。在一個以機構為主的環境下工作，會令人對老齡化的看法變得狹隘而且負面。現實情況是，人們在生命的最後時日使用醫院服務，而醫院病人的背景變化，乃是預期壽命增加到接近100歲所致。現時醫院管理局的服務主導了社會上關於健康的討論；然而隨著人口老齡化，在長者通往生命盡頭的必經旅途上，越來越有必要設計新的服務或在現有的社區服務上推陳出新，以綜合的方法滿足長者在社區和健康上的需要，在他們最終需要入院治療前解決各種問題，並在出院後為他們提供支援。我們距離達到這一步還有很遠的路程；然而，如果我們忽視或不了解人口老齡化的全盤影響，公共衛生支出將會增加，而未能滿足的長者需求也將繼續累積。

聯合國宣布 2020 至 2030 年為「健康老齡化行動十年」（Decade of Healthy Ageing），並獲很多國家的支持。目前，很多健康老齡化的指標和服務模式正被推廣。從許多方面來看，這種貫穿整個生命歷程的方法應對老齡化非常正向，這種方法的核心概念是賦權。人們需要了解老齡化如何影響他們的大腦功能以及身體機能，而不是非黑即白地視老齡化為有否患病而已。沒有藥物可以阻止這些變化；然而，有許多事情可以個人的形式去做，也可以社會作為一個整體去做，進而有助於盡量延緩依賴別人照顧的階段。這本書談到了

其中一些方面，強調歸根結蒂，我們需要為自己的老齡化負責。

　　這本書內容包括當前健康老齡化的概念、香港是否達致健康老齡化、健康老齡化的社會決定因素和社會公平的重要性、我們可以做得更好的地方，以及其他國家正在做的事情。我個人的觀點可能很多人都不熟悉；然而，我從很多交談過的一般老年人以及與國際社會的對話中得到不少共鳴。撰寫本書的目的，旨在激發我們改變對老齡化想法的固有思維。我相信，透過越來越多人表達他們的需要，並聯合起來創建一個真正友善長者的社會，讓患有任何慢性疾病或殘疾的老年人都能以有意義的方式生活，這些行動是可以實在地改變人們的思維方式。我們的未來掌握在自己手中。

01

什麼是健康老齡化？

個人和社會對老齡化的回應不應採取狹隘的角度，只著眼於非傳染性疾病和避免死亡，而應以盡可能維持身體機能為最終目標。

　　在我作為醫生的大部分職業生涯中，「健康老齡化」並不在我的詞彙範圍內。病人如果不是健康的，就是患有可醫治或無法醫治的疾病。當面對一些沒有藥物可以治療且瀕臨死亡的病人時，人們會感到無能為力，並且傾向對他們漠不關心。醫護人員需要時刻知悉最新的醫療程序和新藥物的開發情況，以及在工作機構中的規章和指引。然而死亡是不可避免的，而且隨著人口老齡化，醫院裡許多病人都面對死亡。醫生應該幫助他們正視死亡，而首先他們需要接受自己面對死亡。其後在我的職業生涯中，當我需要處理病人的投訴時，一位病人寫道，「每天早上都有一位醫生到我的病房巡視。我知道我的病無法治癒，但我希望他能看著我和我聊聊天，而不是僅看著床尾的圖表。」

　　當我在 1985 年開始照顧老年病人時，我逐漸意識到，根據一般市民的參考值範圍所得出的測量值，對老年人而言並不合理。在這些標準下，有些老人會被歸類為患有疾病。這些觀察和隨後的研究顯示，我們需要將疾病與因為年老而產生的相關變化區分開來，而兩者的健康管理截然不同。此外，許多「以實證為本」的治療都是基於隨機對照試驗，但這些試驗並不能反映現實生活的情況。由此可以引伸出許多

實際的含義：是否應該只用一個數值對肥胖症進行分類？隨著年齡增長，荷爾蒙的變化會導致體型隨著腰圍的增加而轉變。如果我們採用這種方法，許多七、八十歲的老年人就會被標籤為患有肥胖症，並收到節食的建議。

我在參與各種與老年人相關的社區項目後，認為從整體地看健康而言，醫生、醫院、藥物和檢測等角色的重要性變得較輕，反而健康的社會決定因素更加重要。例如，百分之四十的腦退化症可以透過改變生活方式和空氣污染來預防。社會孤立和孤獨是醫學問題，甚至是公共衛生問題。如果它對健康的影響與吸煙一樣，為什麼在立法保障公共衛生方面會那麼不平衡？

從個人角度來看，健康老齡化對我意味著什麼？為什麼有些人活到九十多歲仍十分活躍，但有些人在離世前的很多年都依賴他人照顧？我們大都會認為前者的生活更可取。所以健康不僅是沒有疾病，我們的健康老齡化觀念也需要改變，以應對100歲壽命的可能性。

◆　◆　◆

許多人認為，變老只是發生在其他人身上，死亡或依賴別人照顧日常生活是遙不可及的事情，最好留待將來才處理。對於一個沒有任何嚴重疾病的人而言，尤其會有這種想法。醫科生學習診斷疾病、藥理學或外科治療，尤其著重最先進的科技發展。醫生看診很少處理一些與疾病無關，而只是與年齡相關的轉變，然而，由於大腦和身體機能的衰退，這些變化本身可能導致需要依賴別人的照顧。

我們的大腦和身體機能在20至30歲期間達到頂峰，其後會持續衰退。這種轉變起初可能難以察覺，但後來會變得明顯（圖 1.1）。例如，你可能會注意到跟不上比你年輕的人（例如你的子孫）一起走路的步伐。然而，我們可以透過自己的努力來減慢這些與年齡相關的變化。在很大程度上，我們每個人都有責任完善自己的生活方式，並營造一個使我們達到這個狀態的自然環境和社會環境。「健康老齡化」正好表述這一目標，亦是世界衛生組織（簡稱「世衛」，WHO）提倡將2020至2030年稱為「健康老齡化行動十年」（WHO, 2020）所採用的詞彙。在老齡化社會中，健康老齡化將會減少醫療和長期護理服務需求方面的負擔。

現時香港是全球預期平均壽命最長的地方，男性和女性的預期平均壽命分別為83.2歲和87.9歲。香港是否同時達到

圖 1.1　以生命歷程方式闡述健康老齡化

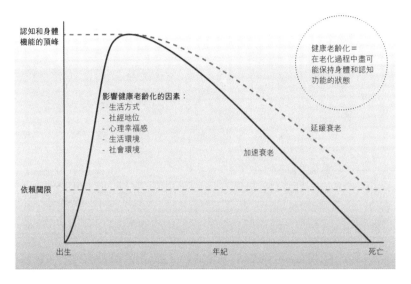

圖 1.2　可持續發展目標對健康老齡化的貢獻

改編自：''The Future Longevity: Designing a Synergistic Approach for Healthy Ageing, Sustainability, and Equity,'' by A. Mavrodaris, L. Lafortune, and C. E. Brayne, 2022, *The Lancet Healthy Longevity*, 3(9), e584–e586。

健康老齡化的目標？這不僅涉及疾病預防和管理，而是需要聚焦於可持續發展目標（SDG）上。

此外，以健康老齡化作為目標涉及個人在整個生命歷程中的行動，由童年到青少年，以至工作生活直到退休。世界衛生組織提倡以這種方向理解老齡化過程是非常有見地的。換句話說，你年輕時所做的事情會影響你如何變老。個人和社會對老齡化的回應不應採取狹隘的角度，只著眼於非傳染性疾病和避免死亡，而應以盡可能維持身體機能（functional ability）為最終目標。在考慮老年人的健康時，任何時候都應該從他的能力而非疾病的角度出發，以及影響他達至最佳狀態的外在社會和自然環境（圖 1.2）。健康老齡化中存在的不公平現象，應視為社會公義的一部分來解決，因此應對健康的社會決定因素是處理老齡化人口結構轉變的其中一部分。當中的一個關鍵是賦權給老年人，令他們可以適應和積極參與塑造這個個人和整個社會所面對的挑戰。

我們如何衡量健康老齡化？

各國政府在通過聯合國「健康老齡化行動十年」決議的同時，還須制定一項行動計劃，透過網絡協作改善老年人的生活。例如，在英國，英國老齡化網絡（UK Ageing Network，簡稱UKAN）致力於更好地了解老齡化的生物學機制及其對

人類健康的影響，將研究成果轉化為政策和可實踐的行動，讓老年人、資助者、醫療保健專業人員參與研究，並為研究老齡化的人員發聲。這些跨學科協作網絡包括衰老生物學和臨床轉化等範疇，涵蓋社會科學、人文學科、經濟學、生物醫學和物理科學，以及經歷老齡化的公眾人士，提供了一個可達致的發展方向的具體例子（Cox & Faragher, 2022）。

健康老齡化與可持續性和公平有著內在聯繫；然而，普遍的觀點認為健康老齡化只屬於慢性病的領域，而且往往僅以服務提供者的角度而非老年人的角度來看待（Mavrodaris et al., 2022）。

各國是否已經執行聯合國決議，以及這些努力的成功程度，可以透過適當的健康老齡化指標來衡量。這些指標與死亡率和疾病發病率、患病率和殘疾率等現有健康指標不同。世界衛生組織目前正在探索衡量標準，其中包括以生命歷程方法衡量人們的內在能力（intrinsic capacity），當中涵蓋五個範疇（感覺、運動、活力、心理和認知功能），重點關注以功能為本的表現（Thiyagarajan et al, 2022）。其後，世界衛生組織採用以人為中心的方向發展一個老年人綜合護理（Integrated Care for Older People，簡稱ICOPE）模式，以照顧內在能力和身體機能衰退的老年人，而兩者均對於健康老齡化至關重要（圖 1.3）。

這些指標的核心是從老年人的角度評估他們的身體機能，以及影響這些結果的因素。這些因素除了個人的特質、

圖 1.3　世界衛生組織的老年人綜合護理模式：
內在能力的主要範疇

圖片來源：World Health Organization。https://www.who.int/publications/i/item/
WHO-FWC-ALC-19.1。

健康的生活方式外，亦涉及醫療健康服務，以及長者及年齡
友善城市概念所推廣有助建立社區網絡的因素，當中包括房
屋、城市規劃和社區安全（圖1.4）（CUHKIOA, 2022b, 2022c,
2022d, 2022e）。

　　「身體機能」一詞通常被理解為個人屬性（涵蓋內在能力
的範疇），描述一個人能否照顧自己並獨立地參與社會事務。
然而，世界衛生組織的定義更為廣泛，涵蓋的範疇包括滿足
基本生活需要的能力；學習、成長和做出決定；自由活動；
建立和維持關係；以及做出貢獻。每個範疇下的項目都很廣

圖 1.4 　健康老齡化的範疇

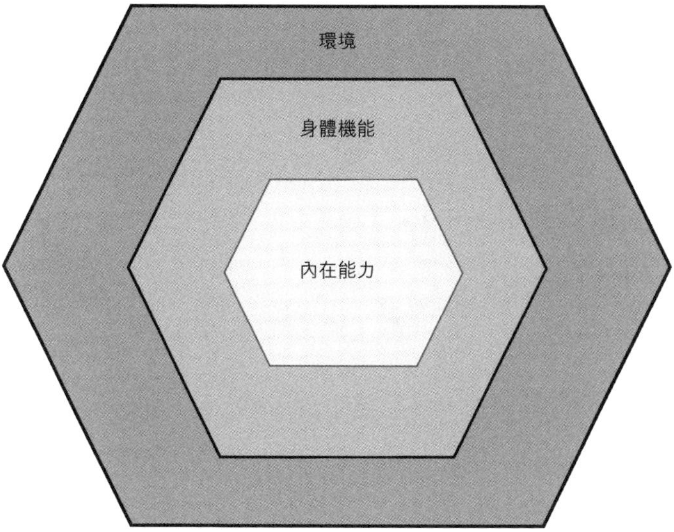

環境

身體機能

內在能力

泛，而且主要從個人的角度而非服務提供者的角度來決定。
因此，理解這些能力是需要跨學科的知識和涉及不同的服務
提供者，意味著需要採取一種綜合的方式。例如，滿足基本
生活需要的能力，包括能夠負擔起足夠的營養飲食、衣服、
合適的居住環境、醫療保健和長期護理的費用。

　　這些指標的數據需要定期收集，以監測趨勢以及健康老
齡化政策的有效性。目前的恆常調查只收集與死亡率和死因
相關的資料，並沒有收集此類數據。世界衛生組織現正根據
經過核證的工具，以及加上各專家諮詢小組的意見來構建一

圖 1.5　健康老齡化的公民參與

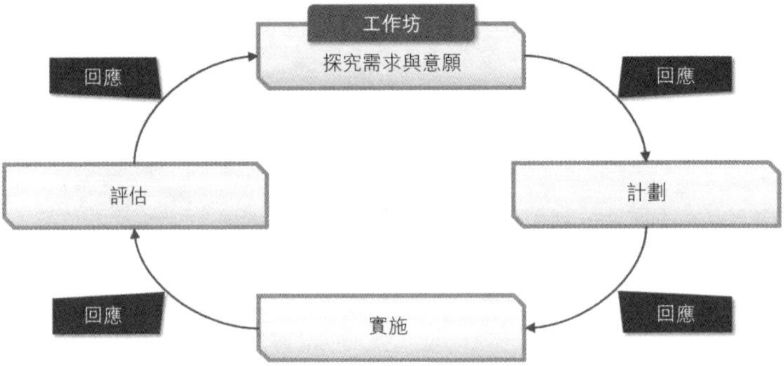

個指標清單，以衡量內在能力和身體機能的內容 (Thiyagarajan et al., 2022)。

這種觀點強調老年人對這些議題擁有自主權十分重要，這對於他們維持身體機能很關鍵，並確保社會上對這些議題有充分的回應。

老年人本身可以發揮關鍵作用，既可以透過參與如上述英國的合作性團體倡議收集相關健康老齡化果效的必要性，也可以確保將這些指標納入定期的政府調查中 (圖 1.5)。我們不應只是被動地接收健康老齡化資訊，尤其是一些並沒有隨著社會發展而推廣的健康老齡化訊息。

專訪一

老化真的與你無關？

老人科專家胡令芳教授揭示「老年」的真正定義，以及她的團隊
怎樣努力令香港變得更適合長者生活。

◆ **何謂「老年」？**

如果把人生比喻成一座山，出生以後是在爬山，到了30歲左
右就到了山頂，之後都是走下坡，腦功能和體力都在退化。

◆ **社會對老人有什麼誤解？**

許多人以為，老人就是在老人院、老人中心或病房那些
行動不便或者腦退化的人，老人是他們，不是我。這是我
們要改變的觀念。老年學很廣泛，是研究上述的整個下坡
過程。

◆ **如何應付老化？**

那就要把你的山頂弄得高一點。比如健美運動員練出一身
大塊肌肉，那就算流失了一些，還有很多本錢。腦袋也一
樣，腦細胞之間很多聯繫，多做認知訓練，增加這些聯
繫，就算流失一些也還可以應付。所以生活方式很重要，
多做運動，多吃健康的食物，多訓練腦筋。年紀大了也還
可以做很多事，所謂老而不衰。我們說的衰老，不是講你
多少歲，而是你究竟做到些什麼，能否控制你的環境、你
的生活。

◆ 你為何會專攻老年學？

我在英國畢業之後，在倫敦的大醫院嘗試過一兩個專科，例如心臟科和肺科，覺得悶得不得了。比如心臟科，來來去去不是心瓣問題就是心血管栓塞。我較喜歡全面從整個人的角度來做醫療。

1985年回到香港，那時候中大醫學院新成立，創院院長蔡永業教授認為應集中力量在一些新領域，老人病學是其中之一，所以我就朝這個方向發展。我記得那時候有位資深同事跟我說：「你研究這個範疇就慘了，沒有什麼研究機會的。」但其實不然，我就覺得很有成果。

◆ 為什麼大學要成立老年學研究所？

我們的目標是把香港建立成方便和善待長者的城市。這也是2015年10月初本所開幕研討會的主題。研究所不是純粹從醫學角度看老人問題，而是集合校內心理學、工程學、建築學等領域的專家，利用學術研究成果，提出解決問題的跨學科答案，在社會做一些有長遠影響的項目。

舉個例子，我們開始和未來城市研究所商討，如何從社區規劃的角度探討人口老化問題。國外就有研究顯示，綠化空間對老人健康有重要影響，或許和飲食、抽煙那些因素一樣重要。

不久前研究所發表「全球長者生活關注指數」，香港長者生活質素在全球排名24位，是否表示香港在照顧老人方面算做得不錯？

這個指數分為收入保障、健康狀況、能力和有利環境四個領域，香港人長壽，所以健康狀況的領域拉高了很多，但有些領域卻排得很低，比如收入保障、社會參與和就業，以及心理健康。這是因為香港沒有退休金制度，大部分人退休後就沒收入。

◆ **這有解決方法嗎？**

兼職工作。我們正在構思利用創新技術來推行長者兼職工作計劃，就像 Uber 那樣，你加入這個平台，如果水喉漏水，溝渠塞了，那些有這種技術的退休人士，就可以接這些工作來做，令他們有點收入，又覺得自己對社會還有貢獻。

* 本文原刊於《中大通訊》第 465 期（2015 年 10 月）。

02/

香港是否實現了健康老齡化？

負面的刻板印象將老年人描繪成一種負擔，而政府政策往往會忽視他們的需求。新冠疫情凸顯老年人的需求如何被忽視。

對國家之間和機構之間的各種績效指標進行
排名是件好事。行為觀察告訴我們，國家和機
構的負責人會注意到並渴望提升排名。大學排
名是個很好的例子，因為排名實在影響大學的
運作方式及資金來源。如果以出生時的總預期
平均壽命（total life expectancy，簡稱 TLE）作為健
康老齡化的衡量標準，香港無論男性和女性均
居世界之冠，那麼我們再沒有什麼值得追求！
事實上，這可以解釋為什麼與專科診所的輪候
名單相比，健康老齡化政策沒有得到應有的高
度關注。主要的政府官員均表達了一種觀點，
即我們的醫療系統是世界上最好和最有效的，
這對於市民獲得很長的總預期平均壽命做出不
少貢獻。

雖然總預期平均壽命可能是衡量低收入和中
等收入國家健康老齡化的合理指標，但在發達國
家或類似香港的經濟體，總預期平均壽命可能不
是一個合適的指標，因為基本上免費的醫療系統
可能只是在實現延遲死亡的功能。一個更好的
指標是健康壽命（health span），即沒有身體或認
知功能障礙的壽命年數。健康壽命年數除以整
體壽命年數的比率是發達經濟體中健康老齡化的
更好指標。除了零星的研究項目，此類數據沒
有被定期收集。最接近的指標是無殘疾預期平

均壽命（disability free life expectancy）。這些研究項目發現，市民有殘疾的年期隨著時間有增加的趨勢，男性和女性之間的差距約為十年。

由於女性較為長壽，所以在考慮健康壽命和總壽命的比率下，這個差距會越來越大。我們如何照顧這些市民？二十多年前，我邀請一間非急症醫院的工作人員根據他們當時的經驗，估計在不同程度的護理下，需要護士和/或護理員提供多少照護時間。這個估算放在安老院舍時有極大的差異，尤其在私營的安老院舍。需要被照顧的院友的背景大致相同。為什麼護理標準的質素會因地點不同而有差異？新冠流感期間，一種比較溫和但更具傳染性的變種Omicron導致安老院舍長者的超額死亡（excess mortality）大幅增加，令這個被忽視的地方成為關注的焦點。

許多年前，在一個項目中，一些曾經跌倒並送到急症室就診的長者會獲邀進行進一步評估，經轉介後會到我應診的老年科診所。當中一位病人因篩查出患有抑鬱症而被轉介到我這裡。她住在一間院舍。當該地方開始營運時，她便和朋友一起搬進這個地方（最初被歸類為旅館）。隨著時間過去，那些朋友都過世了，而住在那裡的人大都不能起床，而且無法説話。她每天都外出，去游泳，參加附近社區中心的活

動。她摔倒的原因是她嘗試單腳站立。她不滿意的是她想晚上外出但不獲允許。她想搬走，但不知道可以去哪裡。作為應診的醫生，我覺得這些情況和自己完全無關，而且愛莫能助。但有一點我很清楚：給她治療抑鬱症的藥物並不合適。

我在老人科門診為一位80歲的老太太看病，她預約了幾個月才看到醫生。她主要在夜間出現胸痛、腹部疝氣、背痛（獲告知患有骨質疏鬆症）、膝蓋疼痛，曾經因雙腿站立不穩而跌倒數次，近來在兒子去世後獨居。她首先被轉介到心臟診所，但後來適當地轉介至老人科診所。她其餘的門診預約有骨科（大概是由於骨質疏鬆症和膝蓋疼痛）和外科（腹疝）。老人科診所的預約是她三個都需要等待一年以上的預約中的第一個。因此，她覺得絕望而前往急症室，因為她在想，等待心臟科和骨科診所的預約期間，她很可能已經死於心臟病或多處骨折。她從下午兩點開始就在那裡，看了醫生並被告知等候心電圖的結果後，大約晚上十時便離開了，因為在她看來，沒有人幫助她，而且她覺得很冷。在等候期間，她獲派一盒晚餐。老人科診所的快速評估顯示，該病歷更符合食道裂

孔疝氣的症狀；由於一般的腹壁肌肉變得無力，腹部疝呈現擴散情況，雖然很容易復位，但確實影響了她在站立姿勢下的活動。她患有影響膝蓋的骨關節炎。她患有輕度脊柱後凸，很可能是由於骨質疏鬆性椎體塌陷所致。她因失去成年的兒子而患上反應性抑鬱。她擔心財務問題。最後，她認為自己死了更好，因為政府似乎並不理會，甚或是故意延長輪候名單，讓老年人早些死去。她認為政府對新移民的照顧比像她這樣的長者更好，並詳細列舉了一家四口每月可獲得的總津貼約為 20,000 港元。她說，除了死亡，社會永遠沒有任何的平等。她展現出一種神妙的結合，既在一些層面存在認知的障礙，但在一些問題上有很清晰的思路。上述故事說明了在疾病為本的框架外，社區中長者的需要未能得到照顧的生活經歷。

◆　◆　◆

圖 2.1　香港65歲及以上和18歲以下人口（1993–2018）

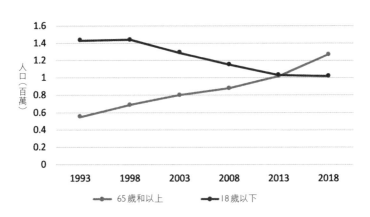

資料來源：*Hong Kong Poverty Situation Report,* HKSAR, Census and Statistics Department, 2019。

　　香港是個人口老化的城市（圖 2.1）。

　　這種人口結構的變化是生育率下降和出生時總預期平均壽命增加所導致的結果，與全球情況一致。例如，自1960年以來，全球的總生育率減半，而全球人口的預期平均壽命由48歲上升至72歲。非傳染性疾病的發病率隨著這種人口變化不斷上升，為醫療和社會保障制度帶來壓力，令醫療、正規和非正規的照顧費用增加。另一個後果是非傳染性疾病導致的生產力損失，據估計美國每年的損失佔國民生產總值的3%至10%（Bloom, 2022）。老年人使用的資源多於他們生產的資源；因此需要隨著年齡的增長而提高儲蓄比率。對於

沒有做好準備的社會來說，這種人口變化被稱為一場「緩慢燃燒的災難」，尤其是對經濟方面的後果而言。人們需要對自己終身的健康進行投資，以確保可以延長工作的年月，從而令身心健康獲益 (The Lancet Healthy Longevity, 2022)。

我們有必要以跨學科的方法了解這個在健康範疇以外，還包括社會、經濟和政策層面的問題。以世界衛生組織的健康老齡化角度審視香港的情況是很適切的。

社會層面

經濟學有時以老年人撫養比率來表達，當中假設達到退休年齡的老年人在經濟上再不活躍，並且由比他們年輕的就業人士支持他們的生活。這個概念可能並不完全適用於香港，因為達到一個年齡便退休的安排並非一成不變，而且有些例子如私家醫生、音樂家和作家等，他們在健康狀況不容許繼續工作時才會退休。越來越多的長者因退休和失去收入而變得貧窮。量度貧窮的指標是收入低於人口中位數50%的人口百分比。在這個定義下，香港有 549,000 (44.9%) 名65歲及以上長者生活在貧困中 (HKSAR, 2020)。然而，這個計算並未考慮他們透過投資、物業租金、家庭支持，或各種社會津貼或交通折扣等一般福利所帶來的收入。其實，重要的是一個人是否有足夠的金錢生活，而這取決於他居住的地

區和生活方式。這個問題被納入一個在香港進行的抽樣調查，受訪對象是五個地區中不同社會階層的60歲及以上的長者，結果發現可用收入的足夠性與自我評估的健康狀況有更強的關聯。與被認為足夠的收入相對應的絕對收入在每月4,000至10,000港元之間（Woo et al., 2020）。現時並沒有一個適合衡量貧窮退休人口的指標。

經濟影響

除了學術界個別的論文外，香港並沒有長者日益依賴他人照顧的經濟代價的相關記錄。十多年前，一項研究以代表性抽樣方法選出住宿護理設施，並在當中向1,820位老年人進行的調查顯示，根據院友資料的病例組合而估算對護理工作人員的需求，非資助院舍的人手出現嚴重不足的情況（Woo & Chau, 2009）。其後一項顯示身體依賴（physical dependency）和認知障礙在十年內有上升趨勢的研究指出，院友的依賴性可能加劇員工短缺問題，對護理質量有重要影響（Yu et al., 2019）。同樣地，儘管已經有評估工具協助員工進行護理的流程，但依賴別人照顧的老年人的護理質素並沒有受到太多關注。在過去的40年裡，報章上不時會報導一些依賴別人照顧的老人家遭到惡劣對待的「醜聞」，例如一群長者院友光著身子在樓頂上被沖洗作為淋浴。在長期護理的

過程中，約束長者以防止他們跌倒，以及約束患有腦退化症的長者是常見的做法。

健康服務

在香港，老年人是醫院服務的主要使用者。65歲及以上的老年人佔62%的普通科門診使用人次、56%的專科門診使用人次、50%的病床日數以及89%的社康護理服務（Yeoh & Lai, 2016）（表2.1）。

然而，部分使用醫院服務的原因是病者瀕臨死亡而不是老齡化本身（Woo, Goggins et al., 2010）。因此，隨著預期平均壽命增加到90歲，超過80歲住院的人數也會增加。過去四十多年住院病人的年齡結構轉變，正反映出這種變化。

由於綜合社會保障援助（綜援）的受助人可以免費獲得公立醫院的服務，因此在獲得醫療服務方面並無不平等的情

表2.1　香港長者的健康狀況

慢性疾病		衰老程度		
無	超過1項	強健	前期衰老	衰老
30%	70%	35%	52%	13%

資料來源：*Thematic Household Survey Report No. 40 & No.58*, HKSAR, Census and Statistics Department, 2009 & 2015; "Frailty Screening in the Community Using the FRAIL Scale," J. Woo, R. Yu, M. Wong, F. Yeung, M. Wong, and C. Lum, 2015, *Journal of the American Medical Directors Association*, 16(5), pp. 412–419。

圖 2.2　按有否接受綜援劃分最後一年使用急症室人士的
平均次數（2004–2014）

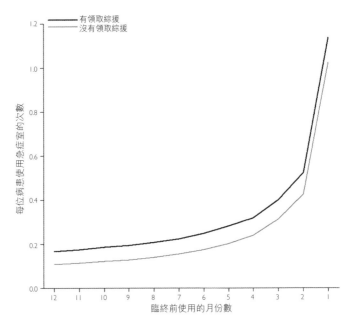

資料來源：''Healthcare Inequalities in Emergency Visits and Hospitalisation at the End of Life: A Study of 395 019 Public Hospital Records,'' R. Y. Chung, D. C. K. Lai, A. Y. Hui, P. Y. Chau, E. L. Wong, E. K. Yeoh, and J. Woo, 2021, *BMJ Supportive Palliative Care*, https://doi.org/10.1136/bmjspcare-2020-002800。

況。事實上，領取綜援人士使用服務的比率只略高於非領取
綜援人士（圖 2.2）（Chung et al, 2021）。

　　慢性病患者是醫療服務的主要使用者。慢性病的患病率
在老年人中有所上升。估算這些疾病的負擔、經濟成本和對
生活質素的影響，需要有關疾病的發病率趨勢以及病死率的
數據。高發病率加上低死亡率將導致最大的負擔，這可從患
病率表達出來（Chan et al., 2013）。例如，在 2010 年，65 歲及

以上中風病者人數估計為60,000人，其中20,000人需要住院治療。到2036年，這些數字的估算將分別達到160,000人和50,000人。在2010年，65歲及以上長者中風的直接醫療費用估計為15億港元，預計2036年將增至40億港元。非正式照顧者的間接費用更為高昂，估計由50億港元增至133億港元。

對於腦退化症病者的上述相應數字更高，估計由2,280億港元增至5,940億港元。公共醫療服務已經有達到極限的跡象：預約專科門診（2022年4月1日至2023年3月31日）新症需要漫長的時間，從兒科的九星期到眼科的216星期（Hospital Authority, 2023）。根據個案的緊急程度，在急症室輪候的時間可能會超過八小時。在新冠病情第五波期間，這種情況更為嚴重，當時媒體報導需要看醫生的老年人太多，以致需要躺在醫院外行人道的病床上。

在沒有慢性病的情況下，變老過程本身也會導致身體機能和認知功能下降，最終可能導致依賴別人照顧和使用更多醫療服務，而這種與年齡相關的變化（如衰老和肌少症）可以歸類為老年綜合症（geriatric syndrome）。例如，衰老會增加跌倒、殘疾、住院、療養院護理以及死亡的風險。對於患有多種疾病、衰老和殘疾的長者而言，無論是只有其中一種或多於一種的情況，均對他們的健康產生不良影響，以及增加使用各種醫療服務。病人同時有上述三種情況，可能增加住院和門診服務的風險達2.5至6.4倍（Cheung et al, 2018）。

香港常見非傳染性疾病的死亡率的下降趨勢,以及出生時預期總壽命的增加,顯示前者是導致上述情況的一個主要原因,因此預防和管理非傳染性疾病應該成為促進健康老齡化的主軸 (Ni et al, 2021)。雖然在公共衛生方面做出的努力取得成功,但只是延緩而非消除這些疾病;它們在長者生命較後的階段才出現,而此時與年齡相關的變化更為突出,所以正如世界衛生組織在 ICOPE 的文件中指出,我們需要一個結合醫療、社會和生活環境的方法處理問題。

年齡歧視態度

公眾對年老的意義很大程度上受到媒體的影響:年老等同患有慢性疾病、貧窮、對社會再沒有貢獻,這些極為負面的印象將老年人描繪為被邊緣化,甚至是達到污名化的程度 (圖 2.3–2.4)。

其中一個例子是,一個公共屋村地下的幼兒園計劃翻新為一站式的長者社區中心。政府部門不斷收到投訴信:其中一封信要求該中心提供有關如何處理注射針筒的數據(其實該中心甚至不是一間診所)。一名區議員在該中心地址的外面舉行了一場示威活動,派發單張鼓勵居民反對政府的決定。其後,雖然社區中心的冷氣機遠高於行人的頭頂,居民仍然投訴冷氣機吹出熱風,影響路過該處的市民。我們不禁懷疑,如果該處是再次用作幼兒園,這些投訴會否出現。

圖2.3　老齡化的負面形象

圖 2.4　年齡歧視的例子

註：當時擔任發展局局長的陳茂波出席位於元朗的一個新教堂和老人院的奠基典
禮，受到了憤怒村民的抗議。居民們指責該項目與他們的傳統信仰相衝突，並破
壞他們的風水。

　　導致這些例子出現的負面刻板印象從20世紀初到現在正持續增加（Ng et al, 2015）。有一種誤解認為在中國文化中，孝的概念令老年人受到尊重和照顧。然而，這種現象未必適用於現代的經濟中。事實上，一項全球的比較研究顯示，與美國和歐洲相比，東亞地區對長者的負面態度是最高的地區（Woo, 2020）。負面的刻板印象將老年人描繪成一種負擔，而政府政策往往忽視他們的需求。新冠疫情凸顯老年人的需求如何被忽視。疫情的政策令複雜病況痊癒而需要復康、接受臨終關懷、使用腦退化症日間中心，以及需要疫苗接種的老年人感到極大的困難。當中許多服務單位已經關閉，長者在功能上和認知上出現明顯的倒退被清晰地記錄。實際上，此類服務與門診診所或醫院病床的需求無異，應該被列為必要的服務。老年人需要有發言權來表達自己的需求，而不是轉去一些對很多長者而言是無法負擔的私家診所。

　　對於負擔得起的人，他們可以聘請傭工在家協助而獲得更好的護理，能夠住在人手比例和周遭環境較好的護理院，以及長期住在私家醫院——這裡存在著健康不平等的情況。照顧所帶來的負擔主要落在缺乏社區支援的家庭成員身上。長者配偶企圖自殺的報導，只是反映照顧者所承受巨大壓力的冰山一角（Ho et al, 2009）。

在2022年初的新冠疫情第五波期間，香港有超過90%的安老院舍爆發疫情，在2月至5月期間有5,000人死亡，是全球每百萬人口死亡率最高的地方。安老院舍的環境、人手短缺、院友身體虛弱和營養不足、疫苗猶豫以及缺乏針對老年人的綜合護理的協調政策，均是促成這個結果的因素（Woo, 2022a）。

無論從社會和政策的層面來看，我們的社會都似乎存在年齡歧視。世界衛生組織關於年齡歧視的報告（World Health Organization, 2021）強調，任何社群都不應因他們的年齡而處於不利地位。香港在實現這一目標方面似乎仍然有一段距離，而長者日益發聲對於抗衡年齡歧視和確保以非年齡歧視的角度制定所有政策均至為重要。

其實我們都會變老，因此出現這些情況是令人十分費解。或許由於大多數人變老時都有負面的經歷，令社會對此產生集體否定。另一方面，將重點全部放在積極的方面，禁止使用「老人家」、「弱老」等「年齡歧視字詞」，同樣可能是另一個否定的方式。這些觀念在西方社會尤其強烈。重要的是要有一個平衡的觀點，盡量了解老齡化的後果，並制定個人策略為可能活到100歲做出準備。我們應該確保已經有政策來促進達成這些策略。這才是真正的賦權，以及「掌握我們自己變老」的機會。

專訪二

長者想要的科技，其實很簡單——胡令芳專訪

當長者被拒於街市門外，一手撐著拐杖，一手拿著買餸車，睄著老花眼試圖搞清楚什麼是 QR code 之際，香港連續七年蟬聯全球最長壽地區。人口正在老化，長者越來越多、越來越老，但未必過得越來越好。香港中文大學賽馬會老年學研究所所長胡令芳教授是老人科專家，研究老人學近 40 年，「老人科好著重就是，我們不是要好長命，我們淨係要不需要人照顧」。年屆古稀之年，她笑著分享自己跌下樓梯的故事，身體力行說人要接受自己的確會衰老，重點是如何老得好、老得快樂、老得有尊嚴。

四十年努力沒有付諸流水

胡令芳 1974 年畢業於英國劍橋大學，回流香港後，1985 年加入威爾斯親王醫院老人科，任教中文大學醫科。胡令芳回想當時，老人科在香港算是比較新的專科，當醫院資源緊絀，內科和老人科一起爭床位，偏偏老人科又不是個個老人都收，「唔郁得嘅你又唔要，咁你係乜呀？」胡令芳想做到的老人科，是能夠為老人提供生理、心理、醫院內外、飲食行為等全面的照顧計劃，「不止是做檢查，判斷你是什麼症，吃什麼藥，好多人理解 medicine 就是這些，咁 what about care？」

她舉例，一個中風的老人家，需要物理治療學習重新控制肌肉，但效果不好，可能因為理解能力退化，物理治

療師講完又不記得；因為年輕時不做運動，肌肉退化容易無力；又或不吃飯所以無力，老人家心也似海底針，「因為醫院食物真係好恐怖，無胃口食嘢，又無人同我一齊食，或者你自己喺屋企，自己一個人費事……好多元素會影響你的反應，如果你要最好的結果，就係咩都要睇」。

九〇年代曾辦遙距診症 效果好惜無資金繼續

她一邊在威院巡房教書，了解長者會遇到什麼緊急病情，一邊到沙田醫院研究非緊急的復康服務，「全部無人理的 unpopular specialties，我可以在那裡發展」。這些新嘗試包括非緊急救護車、日間醫院，讓病人出院回家後，白天回來一整天做跟進治療，因應病人的家庭狀況、病情等需要，決定照顧計劃、照顧時間。她又試過遙距幫老人院長者診症，「我好記得，醫管局忽然說你們要照顧埋老人院，老人家成日出入醫院，你可不可以做啲嘢，在老人院解決問題，等他不用經常過來，因為好似有(公共醫療)壓力」。那時是沒有 Wi-Fi 的 1990 年代，醫院用電話線設立視像電話會議，醫生、護士、物理治療師、職業治療師、精神科醫生……全部坐在電視機前，為長者診症，效果出奇地好，只是後來缺乏基金資助而無奈結束。

求醫長者增 診治時間越來越短

1985 年腦退化症是新奇，現在差不多個個病房都有。求醫長者不斷增加，再好的復康服務，都無法應付日益龐

大的需求，留院時間要縮短，「在威爾斯住多四日已經望住你，做乜仲喺度，沙田醫院就係17日內，17日又望住你」。日間醫院也縮短，醫管局一句「做乜食埋lunch」，於是由一整天變成上下午更，長者排完隊拿輪椅，做一個小時物理治療就要回家，無時間做全面照顧評估。幾十年的心血化為烏有，儘管推倒重來，她繼續在社區、NGO研究如何推動How to age well，「情況永遠不會static（不變）㗎嘛，你繼續有個責任，繼續point out這些問題」。

中文大學和賽馬會在大埔富善邨設立「流金匯」基層醫療中心，胡令芳在這裡實踐過去在醫院的復康服務概念，提供日間照顧服務，教長者建立健康飲食、運動習慣抗衰老。有腦退化病人照顧者跟她說，如果沒有社區中心，自己就會自殺，她深受觸動，三、四十年的經驗不是付諸流水。「因為有voucher，可cover這個服務，政府用錢跟人走的概念是一個way forward，這是我們社會可以做到啲乜的好例子。」社會福利署推行「長者社區照顧服務券」，資助長者使用照顧服務，讓長者負擔到居家安老。「我覺得唯一是這樣發展，你不要什麼都叫政府提供，它做不到。」因為官僚架構太繁複，醫院也一樣。

長者照顧 不是需要機械人

她說起關愛基金曾推出牙科服務，長者拿著醫療券可以看私家牙醫。她眼看自己醫院老人家棚牙問題多多，來來回回也無改善，但無一個老人科醫生知道牙醫醫療券這

回事，「醫生都唔知，你話係咪好出奇！」她跟牙醫朋友吃飯，朋友說起這個計劃，她才知道，「之後我返醫院問社工，不如你跟我們講個講座，牙科醫生怎樣申請」，結果社工說不需要知道，因為這不關醫院事，是社區計劃，她想起仍然氣結，「你入到醫院就是醫院嘅part，你出到去就不理你……你話係咪嚇死人吖！」社工忙著填各式各樣申請表格，醫護人員分身不暇，無物力心力為病人噓寒問暖、貼身照顧，缺乏以人為本的關懷，「你想見到一個人，不是十幾個人好像機械一樣，他真的照顧你的，令你感覺是有人關心你」，她輕輕用手指敲桌面，「that's what patients want」。「嘅家咩都『e』喫嘛，好多這些科技，事實上長者打電話去醫管局，做電話預約都唔識嘅。」她嘆口氣，打個電話都要按幾次數字才聽到真人對話，醒的老人家會找到竅門，跟她說下午三時最少人打電話，但不是個個都應付得來，「去到咁上下，老人家就會好忟，他打不到電話，你就提供不到care，就要靠人，為了自動化，把長者整到dependent」。她去年底從英國回港隔離也有類似經歷，在機場下載安心出行App被工作人員說太舊，無人教但又要她開GPS功能，令她一頭煙。

樂齡科技真的是老人想要？

科學園的創科公司向胡令芳推銷樂齡科技產品，說可以輔助長者生活，她一看，是一輛上落樓梯的「坦克車」，長者走到樓梯前，自行坐上車，然後下車繼續走，「我真係

忟，我話要嚟做乜啫，因為這嚿嘢要12萬喎」。機器原意方便行動不便的長者，但如果行動非常不便，就沒有能力自己上下車，如果有能力行平路又不想行樓梯，大可搭電梯，「成日説樂齡科技，你看科學園發明給老人家的東西，我説，你問他們想要什麼，想看到什麼，唔該你設計一些東西去滿足他們，不是你自己覺得最適合的」。她覺得人們常不當老人家是「識嘢」、是有意見的，其實老人想要的科技很簡單，例如現在智能電視有很多功能，又可以上網，又可以播音樂，可以助長者解悶，但版面太複雜，按鈕太難操作，「可不可以按一個掣就播音樂，一個掣就打電話給屋企人？好過發明啲古靈精怪嘢」。

這些話她説了好多年，caring要全面、以長者為本，但這些長者服務照舊離地，沒有好好針對長者真正的需要，「你發展什麼新科技都好，不要忘記這班人，他們越老越論盡㗎喎，譬如你60、70歲好叻，你乜都搞掂，但你會退化㗎，這個是必然」。

她把長者的衰老程度形容為「論盡」，「這些叫age related change，我們開始論盡喇，忽然跌倒，我們的行政長官為什麼會跌落樓梯？」她被自己的例子引得發笑，問記者，「你會唔會跌落樓梯吖？」她説起兩年前自己也試過跌落樓梯，還跌得不輕，「我穿的那對波鞋，好厚，我在樓梯頂，可能隻腳遞得不太高，我就飛落樓梯」，那是威院停車場前的樓梯，她馬上抓緊扶手，但止不住一路下滑到樓梯底，頭撞到欄杆，天旋地轉，「一坐起身，咦，點解有滴嘢跌落嚟」。

最後她要縫針，留院觀察幾天，她說意外可能跟自己反應時間變慢有關，最大感受是，「嘅家行路呢，隻腳要遞得高啲」。記者邀請胡令芳到樓梯拍照，發現她每下一級樓梯都緊盯著梯級，非常專心。

我們可以選擇跌得快還是跌得慢

人打從一出生就開始衰老，器官會退化，腦功能都會退化，胡令芳平時接觸很多腦退化症病人，也明白照顧者心力交瘁，「問題是你唔好當佢係正常人，this is the first thing，佢一路變緊」，而且變得越來越差，照顧者怎樣都改變不了這個事實，忟憎傷心也無用，唯有接受，這也是她跟98歲媽媽溝通的心法，「你自己調整囉，無辦法喫，你當同佢傾偈，但傾來傾去都是嗰樣嘢，嘅家幾點呀？兩分鐘後，又問嘅家幾點呀？但在她的角度，她覺得同你傾緊偈」。她還聽過創意例子，病人子女在辦公室電話預製錄音，當父母打電話來，就自動回覆。「所以中國人話返老還童係好啱喫，因為你越老，it's going backwards，right？」

我們除了要體諒長者的變化，也要預視和接受自己他朝君體也相同，「你唔好驚，有些人好驚死，不停睇醫生，但問題是，你睇醫生都會死喫其實」。她用手比畫出一條向下跌的曲線，退化、生病無可避免，生命線一定會向下跌，但至少我們可以選擇跌得快還是跌得慢，「你唔好淨係睇醫生、驗血、食藥，有另外一個pathway，唔好老得咁快，呢啲係要靠自己嘅」。抗衰老由生活習慣入手，充足睡眠、營

養均衡、有運動習慣，年輕時建立健康儲備，就算將來退化，跌極都有個譜，「現在全世界都擔心腦退化症這個問題，就要 maximise 你剩番的東西」。她經常思考，說要用多啲腦細胞，既然世界不停在變，人老也要跟著變，「永遠有新嘢，所以我個腦一路學緊新嘢，同時我 recall 以前做過什麼，看以前的東西怎樣應用在新事物，所以會好忙，keep you active」。

文‧朱琳琳

＊ 本文原刊於《明報》2021 年 11 月 14 日。

03

社會不平等如何對我們的健康造成影響？

橫向的公義要求男女同等的待遇和福利，而縱向公義則要求根據男女的不同需求給予相應不同的待遇和福利。在社會文化的背景下，橫跨生命歷程中的性別不平等對健康老齡化產生強烈的影響。

醫療服務的發展太過於集中在醫院內。不幸的是，從醫院的視角以及透過創新技術來看健康的演進，令老年人的需求與提供給他們的服務，無論從服務設計、可用性和回應需求而實施的政策方面來說，兩者的差距均越來越大。

生物醫學越發將患病經驗排除在臨床關注的合法對象之外。如果將這種取向推向極端，儘管這種導向成功地發展出醫學科技，卻會導致一種獸醫式的醫學實踐。(Kleinman et al., 1978)

儘管衰老的經歷可能不等同於患病的經歷，但它同樣被忽視，被歸類為一個純粹的「社會」問題。也許明確說出來在政治上可能是不正確，但我們的社會潛意識裡正貶低老年人的價值。試想一想：近年來夏天越來越熱，傳媒又經常報導稱為「熱島」的地區中，生活在狹窄空間的人所處的困境，以及沒有安裝冷氣的公屋居民。我們都知道，極端酷熱的天氣會影響身心健康，增加長者入院次數和自殺率。然而，除了發出酷熱天氣警告之外，我們的社區有什麼應對高溫的行動計劃呢？麥當勞餐廳在疫症政策消除這個避難所之前，它們可能會因容許市民逗留

24小時而受到讚揚。賽馬的馬匹得到更好的照顧：天氣炎熱時，比賽會推遲到傍晚和晚上進行，還安裝了降溫的噴霧風扇。地中海國家會更改工作時間以避開一天中最熱的時間，而建築物則裝有反光百葉窗。在波爾多的公共廣場上，有一大片有洞的地面，不時噴出細密的霧氣。人們站在霧氣中便會隨著水的蒸發而變得涼快。在香港，我們也有類似的設備，不過只是在大埔海濱公園用來給玫瑰花澆水。

建立長者及年齡友善城市是促進健康老齡化的元素之一。在香港，我們已經指出，涵蓋許多領域以量度長者生活質數的指標（當中包括部分世界衛生組織長者及年齡友善城市的指標）在社會運動期間和其後新冠疫情的數年有所惡化（Woo et al., 2021）。顯然，醫療服務無法影響這些領域，但政策是可以的。英國最近通過了一項法律，禁止人們阻塞道路（主要針對倡議氣候變化的活動）。如果香港頒布這樣的法律，2019年的事件對社會的影響會這麼大嗎？疫情的政策是否導致長者生活質素下降？政策的制定是否應該只是建基於以感染人數和醫院負荷能力來界定的公共衛生觀點？（Woo, 2022c）

◆　◆　◆

圖3.1　在控制疫情和對老年人構成負面影響之間的平衡

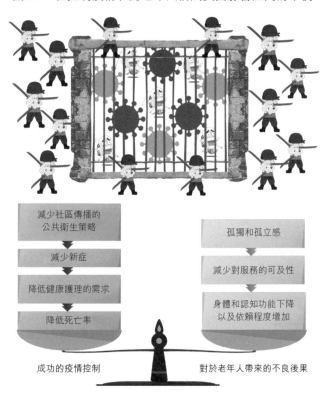

香港的健康老齡化存在社會「梯度」[1]（以及性別差異）。
我們的社會應該接受嗎？健康的社會決定因素在過去數十年
已經廣泛地記載於文獻中，指出健康不僅取決於醫療專業的
服務和系統（Marmot et al., 2022）。市民的健康可能透過醫療
系統得以改善，但如果忽視社會決定因素，只會受到負面的

1　譯註：即社會地位越低的人，健康狀況也越差。

影響（圖3.1）。有些觀點認為健康公平是個社會公義的問題，而由於社會決定因素涵蓋了人們在整個生命歷程中成長、生活、工作和變老的各種情況，這一目標應該是所有政策中反覆出現的主題。健康公平不應只是反映收入、社會地位和獲得醫療服務的差距。

　　除了慢性疾病指標外，以健康老齡化作為結果衡量標準的老年人之間亦存在健康不平等。隨著年齡增長，除了增加非傳染性疾病的患病率外，在非常年長的老年人中出現老年綜合症（反映老齡化過程本身）也變得更加普遍。相比於著重醫療及透過醫院／診所處理疾病，老年綜合症需要在社區環境中以一個綜合的醫療和社會支援方式來處理（圖3.2）。

圖3.2　不同年齡階段的老年人中出現的非傳染性疾病和老年綜合症

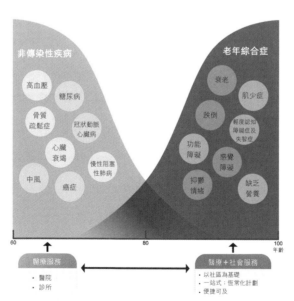

在香港，老年人的健康不平等存在於兩個層面。

首先，在制定衛生政策和指引時，老年人作為一個群體的需求很少與一般成年人口分開考慮。例如，儘管香港步入老齡化社會是眾所周知的事實，但負責衛生的部門仍然採用以整體人口為標準的體重指數（BMI）指標，而沒有制定一套適用於老年人的指數。由於老年人的需求不同，使用整體人口的標準會對老年人造成混淆，更差的情況是導致誤解，讓他們減輕體重以符合「標準」。抗疫政策亦反映出這個問題的焦點。疫苗接種政策和社交距離要求，是基於對使用電腦能力的假設；出院後社區支援和康復服務被中斷以優先處理急性新冠病症；安老院中非常虛弱的長者護理不足的情況加劇，均促使香港在 2022 年初因 Omicron 導致的死亡率成為全球最高的地方（Woo, 2021, 2022b）。在這第五波的疫情中，約有 5,000 名安老院的長者死亡，佔老年人死亡的大多數。導致這種情況的原因與普遍的說法不同，未必可以完全用較低的疫苗接種率來解釋。長者身體虛弱、不理想的院舍環境以及護理人員短缺都是造成這種情況的原因。在一項追蹤參加者 14 年後的研究發現，長者的主觀社會地位增加了衰老所引起的事故的風險，而這個關聯是獨立於以客觀指標量度的社會經濟地位、慢性疾病、不健康的生活方式、不良的心理健康和較差的認知功能（Yu, Tong, Leung et al., 2020）。居住地區亦影響老年人的身心生活質素、衰老狀況和死亡率，而

圖 3.3　根據不同的衰老群體顯示功能衰退軌跡的性別差異

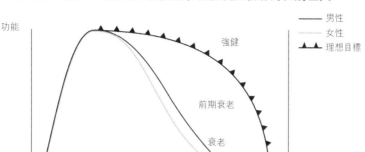

03
/
社
會
不
平
等
如
何
對
我
們
的
健
康
造
成
影
響
？
·

43

這個關聯與生活方式和社會經濟地位無關，顯示居住地區會對健康構成影響（Woo, Chan et al., 2010）。沙田和大埔區的研究發現，認為所居住地區更為長者及年齡友善的老年人有較好的自評健康狀況（Wong, Yu et al., 2017）。衰老的男性住在較多綠化空間的地區有較多改善，而這些地區的居民亦受惠於死亡率降低的風險（Wang, Lau et al., 2017）。住在社區的香港老年人對社區環境的認知度與他們的健康自評相關（Wong et al., 2017）。居住在鄰社凝聚力較好的地區的老年人會感到更快樂，生活滿意度更高，生活更有意義（Yu, Leung et al., 2019）。

　　其次，注意到老年人中的性別健康不平等是很重要的（圖3.3、表3.1－3.3）。一般來說，女性壽命較長，但有更多的時間是依賴別人照顧。目前，大部分關於性別不平等的討

論都集中在實現權力、影響力和經濟地位的平等，而不是健康。然而，關於預期平均壽命、疾病患病率和疾病死亡率以及衰老和肌少症等老年綜合症的差異，都有結論一致的文獻記錄。

橫向的公義要求男女同等的待遇和福利，而縱向公義則要求根據男女的不同需求給予相應不同的待遇和福利。在社會文化的背景下，橫跨生命歷程中的性別不平等對健康老齡化產生強烈的影響。

由香港中文大學賽馬會老年學研究所編製，量度自 2017年至 2020年市民福祉變化的指數顯示，與男性相比，年長女性的貧困率較高，自評健康狀況和心理健康狀況更差，衰老的情況較嚴重（Chau and Lee, 2022）。雖然女性壽命比男性長，但她們較多處於衰老狀態，抑鬱症患病率更高（儘管自殺率較低），肌肉骨骼疼痛、肌少症患病率更高；肌肉質量和身體機能指標下降速度更快，以及認知障礙的患病率更高。形成健康老齡化性別差異的潛在因素涉及生理、行為、社會經濟和文化層面。例如，女性通常擔任照顧者的角色，而這種角色會帶來更大的抑鬱風險和更差的健康狀況（Ho et al., 2009）。自我感覺在社區上有較高的地位與更佳的健康結果相關（Woo et al., 2008）。一般而言，與男性相比，女性傾向於採取更健康的生活方式，而兩性面對壓力所產生的反應差異均對健康構成影響。

應對壓力的性別差異

- 50 名健康的成年義工被隨機分配到遭社會排斥或成就的壓力條件中
- 透過自我報告和唾液皮質醇評估壓力
- 男性對社會成就的挑戰表現出更大的反應
- 女性對社會排斥的挑戰表現出更大的反應，這可能是女性情感障礙發病率增加的依據

資料來源："Sex differences in stress responses: Social rejection versus achievement stress," by L. R. Stroud, P. Salovey, and E. S. Epel, 2002, *Biological Psychiatry*, 52(4), pp. 318–327。

表 3.1　居住在香港社區的 9056 名華人男女的性別差異

男性較差	女性較差
主觀幸福感	衰老情況
服用多種藥物	肌少症
入院治療	認知篩查
日間照顧使用率	自評健康（80 歲以下）
	工具性日常生活活動（IADL）（80 歲或以上）

資料來源：賽馬會 e 健樂電子健康管理計劃（未經公開的資料）。

表 3.2　衰老的社會決定因素中的性別差異

	男性	女性
工作上的職級	+	−
缺乏金錢	+	+
體力活動	+	+
酒精（保護性的作用）	+	−
與親友聯絡的頻率	−	+
親屬人數	+	−
鄰居人數	+	+
幫助別人	+	+
參加社區 / 宗教活動	−	+

資料來源："Social determinants of frailty," by J. Woo, W. Goggins, A. Sham, and S. C. Ho, 2005, *Gerontology*, 51(6), pp.402–408。

表 3.3　以多條件邏輯回歸分析，按性別分層
比較主要非正規照顧者與非照顧者在自我報告的症狀、
抑鬱和較差健康情況的比值比。

	男性（N=231）				女性（N=507）			
	主要非正規照顧者（77人）的百分比	非照顧者（154人）的百分比	比值比 * （odd ratio）	95% 信賴區間	主要非正規照顧者（169人）的百分比	非照顧者（338人）的百分比	比值比 * （odd ratio）	95% 信賴區間
過去4周出現焦慮	36.8	22.7	2.33	1.20–4.53	45.6	29.0	2.18	1.45–3.29
抑鬱症（≥16）	23.4	14.3	2.36	1.09–5.09	24.3	10.4	3.19	1.81–5.60
與1年前比較健康更差	35.1	24.7	1.96	1.01–3.80	37.9	23.4	2.44	1.55–3.84

* 根據工作階層和教育水平進行調整

資料來源："Impact of caregiving on health and quality of life: A comparative population-based study of caregivers for elderly persons and noncaregivers," by S. C. Ho, A. Chan, J. Woo, P. Chong, and A. Sham, 2009, *The Journals of Gerontology. Series A, Biological Sciences and Medical Sciences*, 64(8), pp. 873–879。

採取生命歷程方法

由英國倫敦大學和香港中文大學兩所健康公平研究所聯合編寫，以生命歷程方法探討香港健康不平等的報告，重點關注健康的社會決定因素，這些因素是解釋社會經濟地位不公平與健康差異的關鍵。教育、職業和住屋等社會決定因素會影響一個人在整個生命中不同階段的健康，例如兒童早期發展、閱讀能力、青少年自評健康和心理壓力、成年人的工作條件和壓力，而這些因素會累積影響年老時的生活質素（圖3.4–3.5）。在香港，健全的母嬰健康服務令嬰兒死亡率

圖 3.4　生命歷程的階段和積累影響

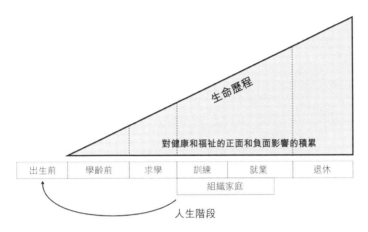

資料來源：CUHK Institute of Health Equity Report, 2022。

圖 3.5　香港的健康不平等

社會經濟不平等將導致晚年健康上的不平等

年輕人在心理上承受著高度的壓力

COVID-19大流行和社會動盪，導致青少年和大學生面對的問題增加

在15歲時，更具特權的孩子與較不具特權的孩子之間的閱讀能力存在不平等

長時間工作加劇身心健康問題，並增加不平等現象

更多的老年人獨居，孤獨感將加劇

社經背景較差的老年人更容易罹患慢性疾病，且患抑鬱症的比率較高

老年人的自殺率遠高於其他年齡層

圖 3.6　2011–2021 年香港各年齡層的自殺率*

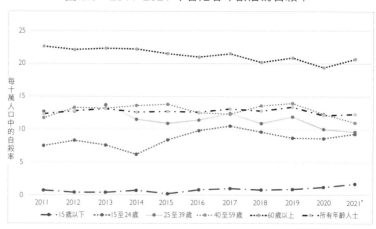

每十萬人口中的自殺率

2011　2012　2013　2014　2015　2016　2017　2018　2019　2020　2021*

•••• 15歲以下　　-•- 15至24歲　　--- 25至39歲　　⋯⋯ 40至59歲　　⋯⋯ 60歲以上　　- - 所有年齡人士

* 根據死因裁判法庭的數據估計，截至 2022 年 7 月 31 日的登記死亡日期。

成為全球其中一個最低的地方，但根據兒童家庭的社會經濟
地位，兒童在入學準備方面開始觀察到不平等現象。這會影
響兒童將就讀的學校、學業成績、生活滿意度、自評健康狀
況以及入讀大學的機會。由學校過渡到工作生活時，沒有大
學學位的員工薪金較低，較大可能從事低薪、工時長和職場
環境惡劣的工作。

　　步入晚年，這些弱勢的人變得經濟拮据，更容易出現抑
鬱症狀，有較嚴重的衰老情況。雖然在香港不同年齡組別
中，老年人的自殺率最高，但老年人的自殺率亦存在社會經
濟梯度（圖3.6）（CUHKIHE, 2022）。

　　監測健康不平等指標十分重要。在英國和美國，政府會
根據不同「匱乏」的地區收集健康和社會指標，作為考慮制定

政策的一部分以解決這些不平等的情況。由於香港城市人口稠密，貧富地區之間沒有清晰的地理劃分，故此匱乏地區的概念可能並不適用。然而，由於有證據指出居住空間與健康結果有關（Chung et al, 2022），故此使用香港人口普查所收集的居住在特定面積的家庭人數或同等的指標，可能更為合適。

世界衛生組織的一項審查發現，生活在擠迫家庭中的人患傳染病和心理健康問題的風險更高。該結果與本地的研究一致，顯示家庭擠迫程度與住戶的高血壓、焦慮和壓力等不良健康結果有關。

我們需要採用一種生理—心理—社會模型（bio-psychosocial model）來檢視健康，當中考慮到我們在哪裡和如何生活。如果體感溫度上升會增加老年人的自殺率，我們是否應該盡一切努力制定社區行動計劃來減輕這種影響？同樣，我們需要將孤獨感和社會孤立作為醫學問題去認識和處理，而非僅是社會或心理健康問題（Holt-Lunstad and Perissinotto, 2023）。除了焦慮和抑鬱的風險外，孤獨感和社會孤立直接增加患有冠心病、中風死亡率、腦退化症、容易感染細菌和依賴性的風險。這些最終導致更高昂的醫療成本，與肥胖或吸煙等傳統風險因素同樣嚴重。英國、美國以及不同科學組織和世界衛生機構都建議應對社會孤立和孤獨感的政策。香港社會並未將這些視為醫學問題：事實上，諷刺的是，流行病政策以公共衛生的名義造成了更多的孤立和孤獨感。

專訪三

香港人的長壽背後 —— 陳曉蕾與胡令芳教授訪談

香港人長壽，但健康狀況並不理想，衰老的情況也無法避免。胡令芳教授談論了政府在照顧老年人方面的責任，並強調個人應該積極保養健康，改變不良環境因素，以及進行預防性活動來應對老年面臨的挑戰。

陳曉蕾（大銀總監，以下簡稱陳）：在香港老人科的醫學健康領域來說，我不想用「權威」這個詞，但接近半世紀以來你在許多事情上都是一個推手。你不是一個醫生、一個教授那麼簡單。

胡令芳（以下簡稱胡）：我於1977年從英國回到香港，1985年開始進入老人科。尤其現在，我對一個人越來越老的需要有了更清楚的了解。我們念醫的會越讀越專精，比如讀心臟科，只會專注在心臟相關的領域，然後有些人專注於血管，有些人是心臟泵，分得非常細。當我在英國畢業後，曾經專注於心臟相關疾病，集中研究心血管阻塞。後來轉向胸肺科，看到病人要麼咳嗽、要麼氣喘；而神經科也是經常處理中風病例。而我的個性喜歡什麼都看，全面性一點的。回到香港的第一年，那是在70年代，我在聯合醫院看到很多在英國沒見過的奇怪疾病，全部都需要我自己去處理。

陳：所以你認為公立醫院的挑戰更大一些？

胡：對。我在香港不同的私家或公立醫院都工作過，我能看到香港的醫療體系和服務，而剛好那時候中文大學開設了老人科。老人科你什麼都要懂，你需要了解各個內臟，同時要了解心理學知識，還要了解老人的家庭環境、生活狀況、社交等等方面，因此你要懂的東西必須很廣泛。如果沒有對老人進行全面的評估，你無法理解他們為什麼會跌倒，又或者為什麼他們不敢出門搭車。如果你忽略了這些因素，他們就沒辦法出院了。

為長者開設專門醫療機構

陳：目前醫院主要分為急症醫院和復康醫院，但經常看到年長者進入急症醫院後，照顧和護理並不理想。這時候人們常說，當然啦，那是急症醫院嘛。然而，如果第一步已經做得不好，即使轉到復康醫院，也不一定能讓他們康復並重新下床活動。所以，現在我們看到急症和復康醫院都不太適合年長者，尤其是晚期腦退化等情況，大家都會認為那是不行的。

胡：是的。當我還在醫院工作的時候，我經常接到老人院的投訴，他們抱怨說把老人送進醫院後，回來後發現長了褥瘡，因為在醫院的病床上睡得太久沒有人關心，而且還有很多細菌感染的情況。

陳：照顧者很害怕的就是老人進了醫院，情況比進去前更差。

胡：有些老人會說：「我寧願死也不再進醫院。」實際上，我們知道哪些人可能會出現這種情況。當然，有些90歲的

老人仍然能夠自主行走，但也有些老人無法行動，也沒有意識到身邊發生的事情。現時在老人科有個簡單的評估指標，透過簡單提問和初步評估，我們可以知道該採取哪條路線，了解老人需要哪種照顧。

陳：我們有200萬的長者人口，腦退化患者人數已經接近30萬，這樣的人數需要多大間的醫院啊？

胡：這樣的醫院需要集中擁有相應知識的人來照顧這些長者。除了處理疾病患者外，我們還需應對衰老現象，就是身體的細胞老了、累了，而不能正常運作。因此，老年人行動緩慢，平衡能力不佳，經常跌倒，容易氣喘等等。雖然他們沒生病，但仍然會衰老。這兩者加在一起，自然會有很多需求。70歲和30歲的腦功能是非常不同的，但這還不算是認知障礙症。處理這些情況需要專業知識，有些情況可能需要住進醫院，但在社區中大部分情況也是可以應對的。

長者醫療欠缺視野

陳：傳統上大家不覺得這種是醫院，醫院就是病人去的。剛才你說的其實它不是以醫病為主，而是希望做到預防或者幫助他們去維持健康，而他們仍然可以留在家裡。

胡：如果情況是老人不懂得自己吃東西、不能走路，又不懂得跟人溝通，那你有一個機會可以在醫院裡把他處理得好一點才讓他回家，或者他在臨終那刻可以安靜離世，這種情況下在家裡是做不到的。又比如，照顧者太累受不了

或者需要放假，那麼有一家老人醫院可以把他送到那裡住兩三個星期，其實有很多事情可以做，但現在香港就沒有這些地方。

陳：我們現在來造夢，你的長者醫院能提供臨終關懷服務嗎？

胡：當然。我們需要提供一條龍式的照顧。我們不能僅僅依賴政府的資助，因為她現在已經在蝕錢了，我們需要建立一個共同支付的系統，例如保險。我們在這方面發展得很慢，比如在家中需要有人幫助洗澡這樣的家庭護理服務，在中國和其他國家都可以花些錢請相關機構來幫忙。中國的家庭照顧保險業務發展得很快。然而，在香港，這些護理機構分散在不同地方，且費用相當昂貴，而且沒有相應的保險制度。

陳：令人困擾的是，公立醫院價格便宜，但等待時間長；而私家醫院價格貴，但不能保證得到所需的服務。各式各樣的檢查，一天多次驗血。我甚至聽過一些例子，老人的病已經到了晚期，他還被要求剝牙。雖然醫生有他們的理由，但是那個禮拜老人就去世了。因此，即使你願意花錢去私家醫院治療，結果也未必如理想。

胡：那個情況是很不理想，我也見過很多這些例子，或許那位醫生太忙，根本都不知道你是晚期，甚至是連家人都不知道。我看過的例子，那個人是坐輪椅來看我，他不肯吃東西，家人都叫他戒口。他剛剛做完「通波仔」手術，我

問他想吃什麼，他説想吃燒鵝，我就鼓勵他吃。家人都很
驚訝。我看到他的病已經是很末期，結果一個星期後他就
過世了。但為什麼家人沒有這個 perspective？醫生也沒有。
所以我認為每個人都應該了解自己所處的情況，家人也應
該了解，你所照顧的長者的情況如何，這非常重要。

香港人長命但不健康

陳：我們都很驕傲香港人很長壽，曾經有幾年在全球預期
壽命排名第一，但是你就告訴我們，儘管我們長壽，但我
們的健康狀況並不理想。這是怎麼回事？其實，我們能夠
過著健康、自立的生活多久呢？

胡：全球各國政府都有相關數據，但香港並沒有這些數
據。雖然有許多研究文章指出我們的壽命越來越長，然而
我們自己照顧自己的能力是差的，衰老的情況也是。

陳：為什麼會這樣呢？我們的教育水平不是提高了嗎？經
濟狀況不是有所改善了嗎？

胡：你可以這麼説。如果將健康視為沒有生病，政府的教
育就是教導人們如何預防疾病，如戒煙、戒酒、多運動、
注意飲食等。某種程度上慢性病是減低了，因此人們的壽
命相對延長了一點。然而，有些事情是無法完全避免的。
一個人儘管沒生病但也不可能永遠存活，人的細胞到差不
多時間就會停止分裂、老化，器官功能也會逐漸衰退，這
一點很多人忽略了。任何事物都有一個 expiry date，就像你
買的冰箱，時間到了它就會自動壞掉。

陳：我明白你所説的。因為我外婆和祖母都活到了98、99歲，我看著她們最後那十幾二十年身體逐漸退化的過程，可能先是聽覺然後到牙齒。她們有在做運動，但還是會逐步退化。

胡：不管你是如何健康地生活，都很難避開衰老這件事，你只不過是延長壽命而已。很多慢性疾病是減低了、壽命延長了一點，可以説香港這方面是成功的。然而，壽命延長之後，忽然間我們發現認知障礙症上升得很快，其他國家都有同樣的發現，這就是一個 price to pay。

陳：這不是延長壽命，而是延長死亡的過程。

胡：對對。我覺得大家都應該明白這一點，特別是政府制定政策的人員。如果不去關注老人退化的情況，所累積的壓力將變得很嚴重。就好像洗澡時打開水龍頭，有些水進入浴缸，有些水排出，但現在只進不出，水就會溢出浴缸。而這些水就像是政府需要花費的資源去照顧那些沒有自理能力的人，所產生的壓力會迅速增加。因此，我們應該要讓那些水流入得不那麼快，換句話説，找到一些方法減緩老化，以及使死亡過程不需要拖延。

陳：我們經常會開玩笑説，有些病在香港可以拖很久，換作在其他地方早就死了。

胡：我們可以去思考一下「為什麼」。澳洲的老人院平均居住時間只有一年多，而在香港起碼是四五年以上，還經常進出醫院。

提早保養健康

陳:如果我們希望減少進水量,我們該怎麼做?有些人活到104歲還在吃粽子,在家裡過得很開心。現在最糟糕的是五、六十歲的人已經開始出現健康問題了,例如高血壓、高血糖、高血脂,這些問題在60歲以後變得更加嚴重。如果你撐到八、九十歲,真的會很辛苦。

胡:每個人都應該明白這一點,不要依賴政府,因為政府部門眾多,沒有一個部門能完全負責這件事。世界衛生組織視為一個 life course(生命歷程),例如說二、三十歲時,身體器官都是處於最佳狀態,那你的目標就是從巔峰開始,透過一些方法讓身體功能下滑速度減緩。這些事情是你自己要去了解,包括你的身體發生了什麼變化,你的日常習慣應該是怎樣,你應該做些什麼等等,這些都非常重要。

陳:近年各種有關精神健康的議題,例如焦慮和抑鬱的數字都很驚人,從學前兒童到長者,那麼,我們應該如何應對這個問題呢?

胡:正如我剛才說的,你需要從個人的角度了解這些問題如何影響你。此外,最重要的是要改變你所處的環境,包括工作環境和生活環境。比如說工作壓力很大,工作量大工時長,只能吃飯盒,那麼你應該試著改變工作文化和工作環境。有些公司在工作場所提供健身房,或者提供社交角落讓員工交流工作上的問題,這些改變對於減輕壓力非常有益。因此,你需要努力去改變產生問題的環境。

陳：我記得您曾經進行過一個很有趣的研究，由於現在天氣越來越熱，我們很難再坐在公園裡，那時候你就說溫度會怎樣影響長者的健康，但這個問題似乎難以避免。

胡：我們知道酷熱會讓人變得煩躁，一些研究顯示，氣溫升高時，老年人的自殺率也會上升，這一點是非常明顯的。解決高溫問題是可行的，我們可以讓老年人在一些涼爽的地方做他們喜歡的事情，減輕他們的煩躁感。香港有很多非政府組織，他們可以組織一日或半日遊，提供有冷氣的專車載送老年人去西九文化區、文化博物館等地方，可以讓老人看到很多有意思的事物對吧？他們至少有半天時間來消暑。我們可以去組織這種 preventive activity（預防性活動），其實並不難。

性別不平等

陳：在您的著作中，您提到了性別差異，這是我比較少看到其他人談論到的議題。公公婆婆的醫療需要或醫療數據明明是不同的，但這一點很少受到關注。很多藥物的臨床試驗對象都是成年人，但這些藥效在老年人身上的效果如何呢？老年人的醫療需要非常大，實際上他們並不屬於同一個細分群體，同樣被我們所忽略。在您看來，這裡存在著不平等的情況嗎？

胡：這確實是一個不平等的問題。健康平等有很多可以爭論的地方，其實是和健康無關，我們說這些是 social determinants（社會決定因素）。例如，如果你有足夠的財富，

你是否一定會比較健康？正如你剛才提到的，藥物研究的
對象往往是身體健康、年齡較輕或針對單一疾病的人群，
這些條件會影響研究結果的適用性。因此，對於患有多種
疾病、行動不便、認知能力下降的80歲長者來說，這些研
究結果可能並不適用，且可能產生許多副作用。例如，接
近臨終的長者通常血壓較低，儘管他們一生都在服用降壓
藥，但在這個階段他們實際上並不需要繼續服用。如果他
們繼續服用降壓藥，可能會導致血壓過低，引發暈厥、跌
倒甚至中風等問題。

　　藥物只是其中一個例子，性別差異是另一個例子。男
性和女性的壽命長度是不同的，香港特別之處在於女性的
壽命比男性長，但這種差異正逐漸縮小。在香港，女性的
生活狀況相對較差，儘管她們的壽命較長，但在生活方面
相比男性更容易需要他人照顧。

陳：許多居住在長者院舍的人都是女性。

胡：是的，我們就需要去問為什麼。可能是因為她們那一
代教育程度較低，或者在文化上男人需要女人去服侍，她
同時還要照顧家庭和孩子的學業。在外國，這些事情是由
男人和女人一起分擔的，在香港這些家務有多少是共同分
擔的？男人是否會照顧女人？女人為什麼需要進入長者院
舍，可能是因為男人不懂得如何照顧她們。

陳：我們以前聽說過關於公共廁所比例的說法，因為女性
上廁所所需的時間較長，所以要求公共場所的女性廁所數

量要多於男性。這表明男性和女性的醫療需求可能不同，我們患的疾病也不同。過去，婦女診所的數目較多，通常是和生育相關，但當她們成為長者後，我們很少關注到她們的需要。這方面是不是被我們所忽視了呢？

胡：當你到了那個年紀，性別差異的影響可能不再那麼大。他們越來越接近，主要的差異可能是認知功能方面，因為一些女性更容易患有認知障礙症。女性在體能方面相對較弱，因為她們的肌肉量比男性少，這受荷爾蒙的影響。

一站式社區長者服務

陳：您有一個很厲害的機構「流金匯」，它不是個生病了才去做運動的地方，它提供一些健腦遊戲，可以幫你保持自己的健康。成立這個機構背後的想法是什麼？

胡：那是源於 2006 年，在老人服務方面賽馬會慈善基金開始了一個「流金頌」計劃，在社區建立一個一站式的信託地方，為不同的長者提供全面性服務，無論他們的健康狀況如何。那時選址在大埔富善邨，因為那裡位置在社區很方便，這是很重要的。我們的老人科醫生就設計了一個衰老指標在這個社區進行評估，用五條問題去檢查長者的衰老情況。我們發現當中的長者有10%屬於衰老，50%是前期衰老，所以你看到那個數字相當高。這些數據為什麼重要呢？就像血壓高一樣，如果不進行檢查和預防，長者很容易就會跌倒且有較高死亡率。由於衰老無法用藥物治療，要多做針對腦功能的運動，然而沒有動機的話，很多人都

不願意去做。因此，有個地方聚集一班人，環境也比較好的，感覺就會比較好玩。因此，我們持續設計一些活動，比如進行小組運動、桌上遊戲等等。

陳：作為醫生，你們走進社區提供抗衰老活動，我發覺它跟社福界所想的中心其實都頗不同的。除了一般的運動場所，你們還融入了醫護元素。

胡：是的，正正就是這一點。其實人的需要是多方面的，醫社結合我們說了很久，世界衛生組織在2015年推出老年人綜合護理(ICOPE)強調從個人的角度出發。這些抗衰老活動的目標是鑑定衰老狀況，我們有很多證據證明這些活動是有效的。最重要的是，參加者自己覺得有幫助，他們自願回來參與，有些做了很多年甚至覺得不做不行，這些成果讓我們感到非常滿足。

陳：你們最先在大埔設立抗衰老活動中心，甚至吸引了港島區的居民參與，後來又和五間機構合作。您認為在每個區域都建立這樣的中心是可能的嗎？

胡：傳統的長者中心屬於社署底下，如果你建立一些自負盈虧的中心，他們可能會減少對你的資助，所以存在著很大困難。

陳：這類中心的資金來源機構，就算大如賽馬會也好，最後希望它能成為一個常規化的中心。然而，這類抗衰老的中心有時就無法被納入。

胡：是的。我們用的是全面性綜合的方法，因此很難被歸入社署或衛生署的現行分類。我們要繼續強調，這個模式（抗衰老運動）已經證實是有效的，能夠節省醫院的開支。

陳：在新加坡或在日本，他們有些小型的運動場所，可能只有健身單車，無需教練在場，幾個人一起做運動。他們將運動累積的分數上傳到雲端。我在想香港是否可以好好利用不同的閒置地方，進行抗衰老運動。

胡：首先，我們需要考慮人們是否會定期積極參與這些活動。我們問流金匯的會員為什麼喜歡來這裡做運動，而不在自己家裡做。他們說，第一，有教練督促他們運動；第二，那裡的設備可以提供數據，讓他們看到自己的進步。因此，你提到外國那種積分是一種動力，動力非常重要。如果一群人一起運動，他們可以建立社交網絡，相互鼓勵，這是一種強大的動力，可以讓你持續下去。即使不去流金匯，他們也可以自己組織活動，那麼就可以繼續engage社會，人也會比較快樂。

陳：在每個區域都建立抗衰老中心之前，還有其他方法嗎？

胡：我們最終還是要依靠自己，你自己要了解。我們做了一個應用程式，一共有11個範疇，讓長者很迅速去做評估，自己的記憶力、視力等方面是否存在問題，以及是否出現衰老現象。程式能夠快速生成報告，供長者提供給醫生參考，家人和照顧者也可以使用該報告來評估長者的狀況。如果在某些項目的評估結果不理想，應用程式還會提供相

應的建議。我們正在開發一個GPS系統，可以告訴你所在地區附近有哪些機構提供什麼服務。

陳：這個GPS系統收集了哪些機構的資訊？我猜應該包括康健中心。

胡：是的，康健中心，還有很多社區中心和非政府組織。甚至是私人屋苑，他們都開始注重抗衰老，提供地方辦活動。

陳：你們是否鼓勵社區中不同長者服務的機構向你們提供活動資訊，尤其是那些不是津助，而是自負盈虧的機構。

胡：除了這些機構之外，我們現在也鼓勵私人屋苑。例如，復活節不僅應該舉辦小朋友的尋蛋遊戲，也可以為大人、長者辦一些活動不是嗎？

陳：近年來有些屋苑會有設置樂齡會所，但過去他們可能不願這樣做，因為他們認為舉辦太多長者活動會影響房價。這種想法不是很差勁嗎？

胡：這就是年齡歧視，它是世界衛生組織所關注的四個主要領域之一：年齡歧視、老年人綜合護理、長期護理和年齡友善城市，這四個主要行動領域。

陳：非常感謝教授多年來付出的努力，您的工作由醫院延伸到社區，甚至是往後在手機裡都能找到，我們都受益匪淺。

＊ 本文文字整理自大銀【大人嗒傾】視頻訪談，文章篇名為編輯所取。

04

我們能做得更好嗎？

從老年人自身的角度出發，我們應繼續收集老年人需求的證據，為設計和支持社區服務試點模式做出貢獻，為企業、房屋設計和老年居住安排，以及社區環境的城市規劃提供意見。

　　我們必須做得更好，因為我們需要知道，現時10歲的孩子可以活到100歲甚至更長的年月。隨著市民年齡的差距更寬，社會需要「範式轉移」(paradigm shift) 以支持100歲壽命的可能情景。衡量成功的標準是使健康壽命與壽命保持一致，當中的考慮包括更長的工作年期，更靈活的工作方式，及早達至財務保障，以及建立健康社區，其中的建築環境和城市規劃可以改善空氣質量，並促進社會關係的生活空間。不幸的是，許多香港人將延長壽命與增加赤字和社會負擔聯繫在一起，視老年人為獨特的群體而提供不同的服務。相反，我們需要重新想像，建立如之前描繪的一個綜合性推廣健康的社區。

　　實現健康老齡化的策略是什麼？顯然需要改變的範疇不應限於只著眼個別慢性疾病的預防、及早發現和治療的健康領域。相反，我們應該採取一個更廣泛的生命歷程角度（包括健康的社會決定因素），除了個別疾病以外，還要意識到與年齡相關變化的轉變。世界衛生組織於2015年發表的健康老齡化報告，現時在2020至2030年聯合國健康老齡化行動十年中得到廣泛宣傳，可以提供引領個人和社會達致這一目標的藍圖。當中包括聚焦於如何發展和保持個人最佳的內在能力、身體機能及營造有利的自然和社會環境。這種應對需要政府從現時以衛生、社會福利、城市規劃、建築、交通、康樂和文化等個別部門制定政策的模式中做出「範式轉移」。我們顯然需要一個強而有力並且對人口老齡化的挑戰有清晰願景的領導層，有效地實施跨部門應對措施。

減低衰老的行動計劃

　　實現健康老齡化的關鍵在於自我了解所有促進健康老齡化的因素，並如何運用在自己身上。這很可能需要檢視我們改變行為的動機，這些行為涉及的範疇包括實踐一個促進健康的生活方式並將它成為習慣，以及檢視工作環境、我們居住的地方和社交活動。這個方向與目前依靠醫生、檢查和藥

物，而且不切實際地以為按照醫生吩咐便可避免健康轉差的
論述大相徑庭。醫學方法的重點是疾病：預防、早期發現和
治療。這些工作已經使醫療系統的資源不堪負荷。然而，我
們都需要了解自己的身體機能如何隨著老齡化過程而轉變，
以至盡量發揮機能並延緩衰退。這種方法與處理個別疾病的
方法無異：雖然目前社區的資源生態系統能夠提供合適的基
礎設施，但這個方法並沒有被系統性地推廣。然而，主要的
推動者必須是老年人自己。

在過去十多年間，香港推行了各種提高健康知識和增加
老年人了解與年齡相關變化的項目，這些項目正好示範這種
方式比以醫療為主導的家長式教育更有成效。其中一些項目
詳述如下。

圖 4.1　衰老狀況和更多地使用醫療服務

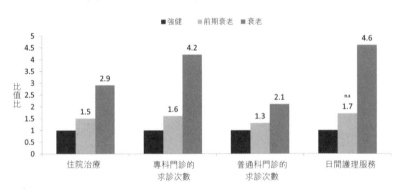

資料來源：賽馬會 e 健樂電子健康管理計劃（未經公開的資料）。

圖 4.2　多元抗衰老計劃的評估。有關研究 "Effects of a multicomponent frailty prevention program in prefrail community-dwelling older persons: A randomized controlled trial" 已刊登在《美國醫學主任協會雜誌》（*Journal of the American Medical Directors Association*）。

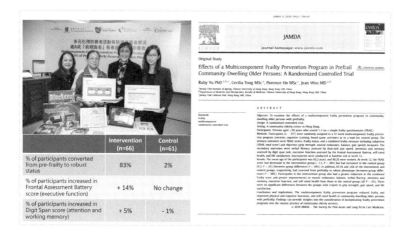

過去十年，香港中文大學賽馬會老年學研究所獲香港賽馬會慈善信託基金的支持，在社區推廣因年齡相關導致身體機能衰退（即體內平衡機制失衡）的「衰老」概念。衰老的老年人令衛生服務的使用量上升。為解決這個問題，我們提出一個計劃的框架，作為可以納入老年人基層醫療的模型（圖4.1–4.2）。這個計劃包括社區篩查，並邀請合適的長者參加一個預防衰老計劃。計劃以 10 名參與者為一組，為期 12 週。在每週的環節中，參與者將進行不同類型的活動：有氧循環訓練和阻力訓練等運動；電腦輔助的認知訓練，當中包括透過互動式及輕觸式電腦螢幕迷你視頻遊戲訓練記憶力、

圖 4.3　抗衰老計劃對老年人衰老的影響

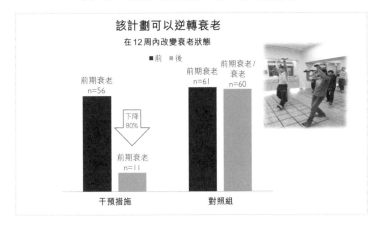

圖 4.4　抗衰老計劃對老年人認知功能的影響

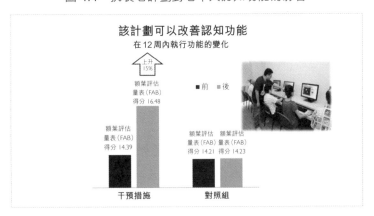

注意力、執行功能、靈活性和視覺空間能力等認知領域；以
及棋盤遊戲活動以增進參與者之間的互動和友誼。計劃證實
能減低衰老程度和改善認知功能，並以自資模式在社區中試
行和發展（圖 4.3 – 4.5）。許多人對這個概念十分感興趣，並
參與篩查和調整生活方式以防止衰老。聚焦小組的結果基本

04
/
我
們
能
做
得
更
好
嗎
？
·

69

圖4.5　抗衰老計劃有很大的可持續性

上指出，參加者覺得無需藥物都可以掌握自己的健康，而且因為定期參加計劃後感覺很好，令他們的習慣有所改變（Yu et al, 2021; Yu & So et al., 2020; Yu & Tong et al., 2020）。

　　我們為恆常參加者舉辦了討論小組，他們在自資模式推行的計劃下持續參加了長達七年之久。這個組別的組員透過參與社區計劃，學習如何逆轉或減緩與年齡相關的衰老，並將其成為習慣的一部分。了解如何達至這種行為改變對於推動改變其他行為十分重要。一對七十多歲已退休的專業人士夫婦表示，經常參加計劃令他們覺得更健康，當沒有參加時便感覺不好。一位參與者認為整個流金匯（計劃舉行的地方）的環境很重要，他們覺得可以在一個提供檢查血壓、體重指數和藉著驗光師檢查視力的地方繼續了解老齡化的問題。其

中一位學員表示那裡「不是純粹安排健身班」。成立社交群體後，成員間可以繼續安排其他活動，分享如何運用在其他計劃學到怎樣處理與年齡相關變化的知識。一位成員分享了她出院後缺乏信心出門參加社交或體育活動。加入計劃後，她變得可以與家人到外地旅遊。

我們一再被問到為什麼香港各處沒有更多這些中心。這個例子說明，改變行為對於維持身體機能或世界衛生組織在廣義上定義的健康老齡化這個目標十分重要。參與者認為這個計劃是由香港賽馬會慈善信託基金支持並由香港中文大學管理；實際上，計劃的目標是完全以自資模式營運，不過因為租金高昂而難以實現。我們引入與成員共創設計可行商業模式的概念。不幸的是，疫情和人手不足令這一發展停了下來。需要問的問題是：政府門診中心和醫院是無需交租的。這樣的中心可以免租營運嗎？這將大大有助於在許多空置的政府物業內以自資模式開設類似的中心。或許社區人士可以與非政府組織一同積極參與運作。這可能是百歲壽命（希望亦是健康壽命）社會的未來。

科技支援的賦權

隨著年齡增長，老年人會遇到許多與慢性疾病沒有直接關係，而是與老齡化過程本身有關的問題，例如視力、聽力

中大賽馬會老年學研究所開發的自我篩檢應用程式

- 免費自我健康篩檢應用程式
- 專為長者而設，隨時隨地進行自我健康篩檢
- 介面透過簡單易明的圖示，展示 11 個健康篩檢測試：衰老、肌少症風險、活動能力、自我照顧、口腔健康、營養、記憶力、聽力、視力、情緒健康、失禁
- 完成測試後，「健康寶」會提供測試結果、教育資訊、社區資源及全面的篩檢報告

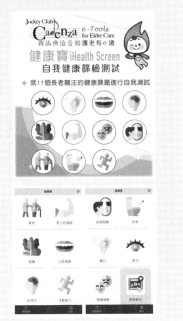

和記憶力的問題、精神不足、跌倒、舉起重物或行樓梯出現困難。這些是衰老和肌少症的一些明顯可見的表徵。了解這種變化的背後原因很重要，因為這可以讓我們採取適當的措施來延緩衰退。透過自己或非正規照顧者對老年人進行篩查，可以及早發現問題並採取合適的行動，繼而可能進行更詳細評估認知功能、介紹參加各類小組（例如上述防衰老計劃），或獲取其他管理身體異常狀況的資訊。賽馬會老年學研究所推行賽馬會 e 健樂電子健康管理計劃和賽馬會流金頌護老有 e 道計劃，採用自動化方式，就世界衛生組織老年人

綜合護理模式計劃的內在能力範疇，對參加者篩查當中常見的情況。老年人可以透過使用平板電腦或手機應用程式，評估自己的健康狀況，並獲得即時結果和針對改善情況的資訊。電子化健康篩查代表以層遞式採取護理行動的第一步，以後這模式可考慮加入現有的鄰里設施。賽馬會流金頌護老有e道計劃的篩查包括「健康寶」應用程式，該程式涵蓋長者各個健康領域，亦提供指引觀看特定健康狀況和如何做出管理的影片。

健康寶應用程式及隨附教材的推廣工作獲得公眾、正規和非正規照顧者的熱烈響應。關鍵是健康寶應用程式幫助我們解決自己老齡化和護理問題，回應了一些未獲滿足的需求。受薪的護老者無論在安老院舍、日間護理中心或是家居環境中，都更有能力處理各種常見的問題以及了解其根本原因，並得悉求助的管道。對於家庭成員來說，這些知識可能會減輕他們的壓力，以及減少長者求醫或前往醫院的次數。不同機構已經考慮使用健康寶培訓員工或義工。此外，健康寶作為一個賦權的工具仍有很大的發展空間。例如加上全球定位功能後，使用者便可以確定附近的醫療或社會服務機構的位置。我們的手機已經有這項技術，可以找到最近的麥當勞餐廳或日本餐廳。這難道不是我們「樂齡科技」發展過程中一個唾手可得的例子嗎？

塑造我們的社區和城市

根據世界衛生組織關於健康老齡化的框架，我們生活和工作的外在環境和社會環境，均對我們能否達成健康老齡化有重要影響。我們可以透過世界衛生組織就長者及年齡友善城市提出的八個範疇的視角，令我們更了解生活的環境，從而塑造居住的社區（圖4.6）。我們無疑需要做更多的工作，但要讓香港成為一個更加長者友善的城市，有一些領域是值得關注的。例如建設共融的建築環境、消除年齡歧視、讓老年人更容易獲得信息、創造更具包容性的勞動力市場，以及賦權老年人照顧自己的健康。詳情可參閱香港中文大學賽馬會老年學研究所出版的《長者及年齡友善城市指南》（*Age-friendly City Guidebook*），該指南為香港長者及年齡友善城市發展提供了實用指引和資源（CUHKIOA, 2021a）。

圖 4.6　長者及年齡友善城市的範疇

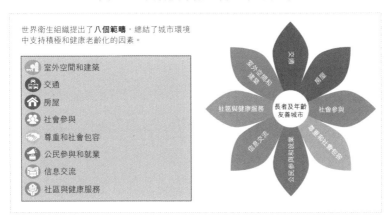

世界衛生組織提出了**八個範疇**，總結了城市環境中支持積極和健康老齡化的因素。

- 室外空間和建築
- 交通
- 房屋
- 社會參與
- 尊重和社會包容
- 公民參與和就業
- 信息交流
- 社區與健康服務

圖4.7　小松隊網站

　　以「室外空間和建築」範疇為例，目前依賴通用設計準則達至長者友善設計的論述是完全偏離該目標的。為迎合長者的需要，研究所與不同的人士和機構倡導改變，透過一系列互動工作坊及參觀香港不同地點，重點探討健康與城市和建築設計之間的互動，以及老年人如何可以積極參與，為創造更有利的生活環境做出貢獻。為了讓老年人能夠表達他們的觀點和需要，一項名為小松隊的創新計劃（www.ioa.cuhk.edu.hk/nutcrackers/）匯集了醫療和建築環境方面的從業者、退休人士和學生，以在香港挖「松子」為比喻，讓小松隊的隊員透過對這個城市的細心觀察，探索如何進一步運用設計以建立優質環境，讓香港人安居樂業（圖4.7）。

　　在香港，老年人居住在人口密度較低且鄰近公共空間的地區（圖4.8–4.9），相比於居住在人口稠密地區的老年人（圖

4.10)，有較少的衰老狀況 (CUHKIOA, 2022f)。除了前往內地居住，也許很多離島或郊區地方，因為有足夠的醫療支援，亦可以成為長者理想生活的地方。

圖 4.8　坪洲空地長者聚會

圖4.9　坪洲休憩用地及共用設施

圖4.10　香港高樓大廈密集

臨終的選擇

　　並非每個人都知道，我們除了如何選擇生活，亦可以控
制如何死亡。在理想的情況下，健康老齡化應該以「好死」
結束。人們普遍認為，這涉及避免受苦，尤其是身體上的痛
苦，可以掌握死亡的環境，有足夠時間準備和處理好自己的
事務（Meier et al., 2016）。有誤解認為所有疾病都可以治癒，
但實際上對於大多數的疾病而言，藥物很少能完全治癒，只
是幫助病人在維持最理想的生活質素下，保持最佳的身體和

認知功能。各種慢性疾病的死亡軌跡都不相同，與阻塞性肺病和心臟衰竭相比，大多數癌症的死亡速度較快，而神經退化性疾病（如腦退化症）的死亡時間最長。接近死亡時會出現一些指標，例如一年內入院的次數以及慢性病的數量，這將提供一個合適的時間框架，令醫療人員知道何時開始與病人家屬進行討論，讓他們就接受舒緩治療與延長生命的治療選擇表達意願。

　　大約15年前，當我在沙田醫院擔任榮譽部門主管時，我們展開了一項計劃，將晚期照顧服務由癌症患者擴展至其他慢性病末期患者。有些人已經到了腦退化症的末期，無法吞嚥食物或飲料。出現的問題是這些病人是否應該使用鼻胃管餵養以避免「餓死」。使用鼻胃管時，一根管子會通過鼻孔插入胃部並用膠帶固定在臉上。病人往往因為不舒服而將它拔出。然後他們的手會被綁起來。他們可能仍然感到飢餓和想進食。使用鼻胃管餵養的原因是盡可能減少食物吸入肺部而引起肺炎。然而，病人仍可能因吸入唾液或胃內的倒流物而患上吸入性肺炎。另一方面，由人手小心地餵食往往為病人的親人提供了傳達關懷和愛意的最後管道。有一位母親罹患腦退化症並快要過身，她的兩個女兒選擇不使用鼻胃管，而是輪流給母親餵她喜歡吃的食物。在母親去世後，她們清楚地表達了這個過程如何使她們能夠與母親在一起，感受到正在做一些事情來表達對母親的關心和愛意。作為整個計劃

中公眾教育的一部分,她們同意在新聞發布會上做分享。其後,沙田醫院的總機接到絡繹不絕的查詢,希望入住該院。

大多數人都想知道並為接近死亡做好準備。在最後一年左右的時間裡,一個臨終的人會希望把事情處理好,以及與家人討論治療時表達自己的意見,特別是希望避免一些只會延長死亡過程的治療。很顯然地,這個討論過程由醫生開始,他們有責任完整地表達整個畫面,而不是以不願剝奪病人和家人希望的名義作為迴避。有經驗的醫生通常更能開展這個討論,但通常是初級醫生與病人及家屬有較多的接觸。正如之前所述,隨著人口結構的變化,許多老年病人在醫院度過人生的最後數年。與病人做出晚期照顧的溝通,應該是醫生擁有的一項普遍技能。同樣,一般人需要了解慢性病的發展軌跡和疾病管理的詳細方法,並有權做出選擇。過去七年多,在賽馬會慈善信託基金的支持下,中文大學老年學研究所一直致力倡議賦權病人及家屬和公眾人士,以及提升醫療護理及社福人員討論晚期照顧議題的能力。

研究所亦推廣如何與醫護人員和病人家屬開展有關嚴重疾病的對話,並以預設照顧計劃和預設醫療指示的形式記錄晚期照顧的意願。研究所製作了視頻,闡述慢性疾病末期和入侵性治療程序的實際情況,令大眾可以了解接受延長生命的治療實際所涉及的事情,以及有什麼替代方案 (圖 4.11)。我們不應假設每個人都必然選擇不惜任何代價延長壽命。實

圖 4.11　關於心臟衰竭和慢性阻塞性肺病的教育影片，
有關教育公眾的影片例子如心臟衰竭的治療
選擇和慢性阻塞性肺病的治療選擇。兩支影片的
觀看人次分別為 323 和 381（截至 2023 年 1 月 10 日）。

際上，許多病人尤其是患有慢性阻塞性肺病的病人，都會選
擇舒緩治療而非不斷重複使用機械通氣。他們的選擇可以記
錄在案，而且醫療團隊和家庭成員亦應尊重病人的選擇。明
白病人做出的這些選擇可能會影響公眾在社會上不時對安樂
死提出的訴求，並為這些討論提供有用的參考價值。

　　病人家屬以及一些醫護人員傾向於避免坦誠討論；然
而，一般公眾人士和病人的意見均顯示，他們很想表達自己
的臨終願望。過去數年，研究所從不同的公立醫院招募病人
及家屬，舉辦互動式的家庭會議，討論預設照顧計劃的議題
（圖 4.12）。會議的目的包括讓參與者了解晚期照顧的概念和

圖4.12　預設照顧計劃家庭討論會。由2021年3月4日至2022年
12月8日，共舉辦19場討論會，當中有121位照顧者
（共72位病人），3位醫療人員及2位護士。
討論會後有6位病人自願簽署預設照顧計劃或預設醫療指示。

治療方案，更重要的是賦權和鼓勵他們在預設照顧計劃的溝
通過程中發揮主導作用。換句話說，參與者不被視為被動的
受益者，他們不只是機械地盲目簽署預設醫療指示。相反，
他們能夠參與討論，積極思考並分享他們在這方面的意願。

　　其中一次與病人、家屬和在一間非緊急醫院的工作人員
進行的會議尤其令人感動。與會者分享了他們的想法，有些
人哭了。一位中風病人開始向他的兄弟表達自己的願望，而
一些人則因為沒有事先和親人討論而為他們選擇延長生命的
治療而感到遺憾。一個有趣的觀察是大多數家庭成員不會為
自己選擇延長生命的治療。然而，當被問及如果有突發事情
發生，他們會否為父母做出這個選擇時，大多數人都明確地
選擇同意。這種情況是可以透過預設照顧計劃的方式及早討
論來避免的。

圖4.13　預設照顧計劃家庭討論會的評估（共87人）

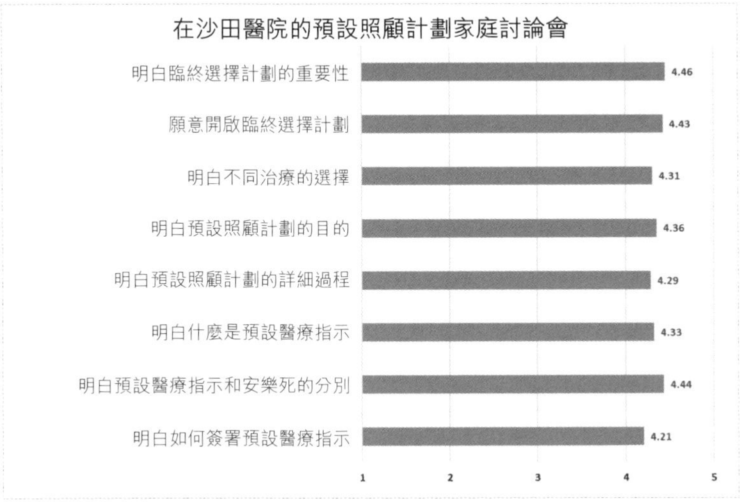

在沙田醫院的預設照顧計劃家庭討論會

明白臨終選擇計劃的重要性	4.46
願意開啟臨終選擇計劃	4.43
明白不同治療的選擇	4.31
明白預設照顧計劃的目的	4.36
明白預設照顧計劃的詳細過程	4.29
明白什麼是預設醫療指示	4.33
明白預設醫療指示和安樂死的分別	4.44
明白如何簽署預設醫療指示	4.21

除了病人及家屬，研究所亦為住在社區的老年人，以至年輕一代舉辦了類似的討論會。鑑於計劃晚期照顧應該是整個人生中一個可修改和持續進行的過程，而且是橫跨整個人生中的不同階段，因此我們鼓勵參與者及早考慮這些問題，而不只是在臨終時才考慮。令人鼓舞的是，對這些討論會的反饋非常積極。參與者願意分享他們的觀點，並且有明顯的跡象看到，當中許多人雖然不一定知道如何表達和記錄他們的想法，但已經事先對臨終的問題有所反思（圖4.13）。正因如此，這些討論會透過促進參與者自己提出並思考預設照顧計劃，正好發揮了賦權作用。事實上，一部分參加者在會後主動開展了溝通的過程，甚至簽署了相關文件。

　　除了預設照顧計劃的工作坊外，研究所亦進行其他教育工作，以提高公眾對臨終問題的普遍認識 (圖 4.14)。例如，研究所在 2020 年舉行了一項名為「安心來，安心去」的一系列大型教育和宣傳活動，旨在讓公眾積極、公開地討論晚期照顧的議題。各項的活動中包括全港繪畫比賽、小型音樂會及微電影拍攝。同樣地，公眾不被視為知識的被動接受者，而是轉變為預設照顧計劃過程中的積極參與者。摘要報告中的評估結果，顯示了公眾的積極反饋。例如，公眾教育活動的參與者被要求就公眾教育活動中各方面評分 (1 至 5 分，5 分為最高)。評分結果發現他們增加了對晚期照顧計劃的了解 (平均得分 = 4.33/5)，更願意討論和計劃晚期照顧問題 (平均得分 = 4.21/5)，並且會尋求有關晚期照顧問題的更多資訊 (平均得分 = 4.31/5)。由此可見，教育活動不僅灌輸了知識，還改變了公眾的態度和行為，從而為社會產生賦權效應，帶來可持續影響 (CUHKIOA, 2016a, 2016b, 2016c, 2016d, 2016e , 2017a, 2017b, 2017c, 2017d, 2018a, 2018b, 2018c, 2018d, 2018e, 2018f, 2018g, 2019a, 2019b, 2019c, 2020a, 2020b, 2020c, 2020d, 2020e, 2021a, 2021b, 2021c, 2021d, 2022a)。

　　以繪畫比賽為例，參與者透過帶有標題和描述的圖畫，表達他們的想法和希望訂立可以實現的晚期照顧計劃 (圖 4.15)。

由中大賽馬會老年學研究所舉辦的「安心來，安心去」活動

在2020年舉辦的一系列公眾教育及
宣傳活動：

- 線上講座（1,766名參加者）
- 繪畫比賽（260份申請）
- 港鐵社區畫廊
- 小型音樂會
- 微電影及名人訪問
- 社群媒體：19,535人在臉書觀看（截至2023年1月10日）以及332,963人在YouTube頻道觀看（截至2023年1月10日）

圖4.14　預設照顧計劃出版刊物：《安心包》、《晚晴照顧手冊》、《吾該好死》。已派發34,250本（截至2023年1月10日）

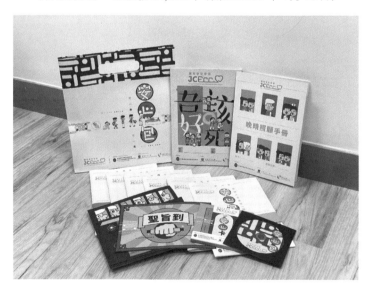

圖4.15a　公眾組繪畫比賽冠軍作品《人生之路》

圖4.15b　大專學生組繪畫比賽冠軍作品《最美滿的結局》

圖4.15c　老年人組繪畫比賽獲勝作品《如何無憾一生》

安寧服務及培訓計劃的有用連結

- 網頁：https://www.ioa.cuhk.edu.hk/end-of-life-care/
- 視頻：https://www.ioa.cuhk.edu.hk/end-of-life-care/resources/#resources-button
- 刊物：https://www.ioa.cuhk.edu.hk/end-of-life-care/resources-leaflet/#resources-button
- 「安心來，安心去」活動：https://www.ioa.cuhk.edu.hk/end-of-life-care/dying-matters-awareness-event/#tab5
- 臉書：https://www.facebook.com/LiveFreeDieWell.IOA/
- YouTube 頻道：https://www.youtube.com/channel/UC9HDwKtdsljkdyZdpcdlRZw

改變社會的看法

在賦權個人實現健康老齡化的同時，整個社會也需要開展同樣的工作。我們需要消除社會上對老年人的負面形象，不要視他們為處於社會邊緣的人，沒有發言權；被動地接受照顧、依賴他人、貧窮和無知。當香港和美國的美國退休人員協會（www.aarp.org，美國最大的同類型組織，擁有約3,800萬名會員，致力協助50歲及以上的美國人選擇他們的生活方式，並有影響政治的地位）相比，便清楚看到香港社會在觀點和心態上需要有多大程度的改變。重要的是，醫療和社福專業人員發揮著重要作用：不再堅持老齡化等同於患有慢性病，因此預防工作應僅側重於非傳染性疾病的篩查和管理；而忽略對老年人的生活質素和醫療支出有同樣影響的老年綜合症。非傳染性疾病發病率下降，不應視為健康老齡化的唯一指標。

在現時的聯合國健康老齡化行動十年中，通過了世界衛生組織的健康老齡化報告，該報告在高、中和低收入國家推廣實施對老年人的綜合護理，以應對人口老齡化。健康老齡化融合了生命歷程方法和社會公義的元素。

機構可以牽頭採取促進健康老齡化的措施。最近的外國研究提倡「核心機構」（anchor institutions）的概念。這些機構如醫院和大學等通常在當地有重要的角色，並且有大量資

圖 4.16　企業如何塑造健康：英國倫敦大學健康公平學院
提出的框架

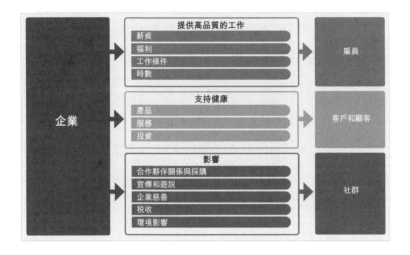

源可以支持當地社區市民的健康和福祉，並解決健康不平等
問題。

英國率先提出這個概念，並出版了馬穆（Michael Marmot）
就商界如何促進健康公平的報告（*The Business of Health Equity:
The Marmot Review for Industry*）。該報告受勵正集團（Legal and
General）委託進行。勵正集團是一間全球企業，當中涉及管
理養老基金及其他商業活動。報告指出機構在員工、客戶以
及社區範疇的12個領域可以推行促進健康公平的工作（圖
4.16）（Marmot et al., 2022）。

這些行動最終可能會轉代為提高生產力、降低員工流失
率和減少病假的結果。這種理念可以透過勵正集團選擇對遵

循這些原則的公司進行投資來宣揚，正如推廣「環境、社會和管治」(Environment，Social，Governance，簡稱ESG) 原則一樣。該報告呼籲加入「健康」(Health) 的元素以形成ESHG。這一場運動是反映核心機構變得重要的例子，這些機構致力透過改變如何聘請員工、採購商品和服務、運用其物資和環境資產，以及與各界合作來解決影響健康的社會決定因素。現時提出了五項原則，可以將公平的元素納入核心機構工作，並在國家衛生服務基金會信託基金 (National Health Service Foundation Trusts) 的支持下試行 (Allen et al., 2022)。

政府政策：倡議跨界別的方向

香港政府在津貼方面提供了各種措施，以及醫療、日托和住宿護理的服務券 (容許用者選擇，因此可能透過市場競爭間接推動改善服務提供者的質素)。然而，這些好處並非廣為人知，而且如何獲得服務的途徑也很複雜。2019年至2020年社會福利開支為816億港元，佔政府經常性開支的18.6%和本地生產總值的2.87% (HKSAR, 2021)。然而，儘管有各種措施如腦退化症日間護理中心，但仍然未能滿足需求。使用政府提供不同資助的服務券體現了透過比例普遍主義的原則 (principle of proportionate universalism) 以減輕收入不平等的影響。

根據公共屋邨中一間腦退化症日間護理中心參加者親屬的訪問，可以歸納出這類服務的五個主題：缺乏此類服務下難以承受的照顧者負擔；選擇 / 接觸此類服務的困難；日托服務的好處；政府資助在促進公平護理方面的重要性；以及非政府組織和社工在擔任信息鴻溝的橋梁方面的角色（Chan et al., 2022）。許多國家正在發展基層醫療綜合系統。許多非政府組織已開始採用基層醫療篩查的要素，然後將有需要的個案轉介到地區康健中心或組織改善衰老等小組活動（Woo, 2022b）。

由於長者衰老狀況會增加醫院服務使用率和依賴風險，因此衰老的篩查和介入工作與關注高血壓和糖尿病同樣重要。儘管衰老和前期衰老的患病率與高血壓一樣高，並已被公認為公共衛生問題，但政策制定者卻忽視這一方面的老齡化問題，以及其對公共衛生的重要性（BGS, 2018; Cesari et al., 2016）。目前公共衛生方面的論述，仍然只關注如高血壓和糖尿病等慢性疾病，政府有預防和控制非傳染性疾病的策略和行動計劃，但沒有類似的措施來解決老年人的衰老問題。

儘管如此，近年來成立了以地區為基礎的健康中心 —— 地區康健中心 —— 與當區的非政府組織和家庭醫生密切合作，從而加強了長者及年齡友善城市運動的社區和健康服務範疇。這些中心有可能透過解決慢性疾病以及老年綜合症（如衰老、肌少症和記憶障礙）以應對人口老齡化的挑戰。

政府的社會福利和醫療衛生政策急需採取跨界別的方法來應對流行病和各種災害。

公民社會、非政府組織、潛在的核心機構：
公民社會在醫療護理的角色

自2016年起，香港賽馬會慈善信託基金與100個社區非政府組織和香港中文大學合作，展開一個電子健康試點項目，原則與世界衛生組織提出有關老年人綜合護理模式相似。該項目旨在應用數碼技術增強老年人的健康管理能力，並以社區中心作為回應他們需求的環境下，促進基層醫療服務。基本上，計劃以自動化的方式檢測長者在內在能力的領域中不足的地方（圖4.17），然後提出相應行動的方案。該平台可以定期進行檢測以監測長者的變化，並評估任何介入活動的有效程度。篩查結果顯示，內在能力領域中有很高的缺損比率，85%有一種或多種缺損，27%有3種或以上的缺損（Yu et al., 2022）。三年後的追蹤訪問發現，內在能力領域中有缺損的數量，能夠預測服用多種藥物、失禁、一般或不佳的自評健康，以及工具性日常生活活動的出現率。擬定後的介入活動會由社區中心的職員執行。職員均同意老年人綜合護理模式的原則可以在社區的環境推行，而進一步推廣這些活動能夠為個別地區的社群和服務做出貢獻，因此十分重要，

圖 4.17 試點電子衛生項目參與者的醫療需求

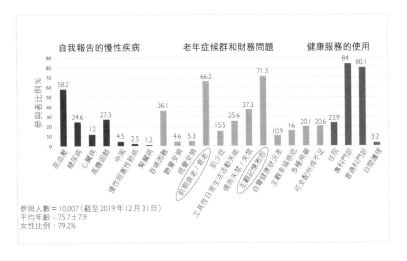

參與人數 = 10,007（截至 2019 年 12 月 31 日）
平均年齡：75.7 ± 7.9
女性比例：79.2%

以電子及數碼化問卷（健康質素問卷）篩查健康情況

數碼化問卷目的：促進長者中心成為了解並關注長者健康和社會需要的首個接觸點

問卷設計包括不同領域：

電子問卷

- 慢性疾病
- 認知功能
- 衰老
- 肌少症風險評估
- 口腔健康
- 精神健康
- 大小便狀況
- 自我健康評估
- 藥物問題
- 工具性日常生活

並有助形成老年人基層醫療中階梯式護理的基礎層次。隨著人手的增加,這種方法可以成為基層醫療的其中一個關鍵支柱,並有可能與區內的地區康健中心和家庭醫生建立聯繫。

早於2009年在一個公共屋邨開展的示範項目,採用了類似綜合護理的原則,並以自資的方式運作(Woo et al., 2021)。這種嶄新的模式提供一站式服務,從篩查健康老齡化的指標到高血壓、糖尿病等常見慢性疾病,接著提供針對缺損領域的活動,以至需要依賴別人照顧的長者復和日間照護服務。基層醫療的服務包括中醫門診、驗光、營養和護士諮詢。該中心並鼓勵會員參加以小組形式舉行的運動班、講座,以及自我測量血壓和體重指數。此外,中心設有一個「Smart Fit 智能機械健體系統」,可以在體能教練指導下客觀地量度不同肌肉群的力量(https://jcch.org.hk/phc_health_promo/#smart)。日間中心服務部分旨在優化老年人的身體和認知功能,並為他們的照顧者提供培訓和支援。圖 4.18 提供了一些案例的說明以及中心服務所產生的影響。

該中心涵蓋多方面的護理服務範疇如下(見93頁)。

一名中風病人到中心接受日間護理。在這個護理的環境下,他的情緒和身體功能都有所改善。然而,由於家人對護理計劃意見不合,他被轉送一家療養院。他在住院期間繼續前往中心接受護理。他在該院並不開心,行動能力也變差。經過多次與中心工作人員討論後,家人最終同意再次在家照

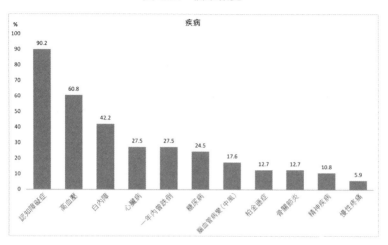

圖4.18　個案概覽

個案顯示的服務需要

身體方面：尿道感染的診斷；低血壓發作後高血壓藥物的調整

心理方面：喪親後抑鬱支援；解決婚姻不和諧

機能方面：髖部骨折後康復

營養方面：中心服務逆轉營養不良的情況

社會方面：照顧者支援／暫托照顧／住宿護理的替代方案

預設照顧計劃：晚期認知障礙症患者人工餵養的選擇

顧他。一名80歲婦人在手術後因各種併發症而住院數周。出院後，她在中心接受活動復康治療和日間護理。她的醫療預後情況並不理想，並發現明顯的病變，神經外科醫生建議入院治療。她堅決拒絕，並表示即使要死也不再進醫院。中心職員與病人和家人討論了晚期照顧的意願，並協助她們制定預設照顧計劃，包括選擇人工餵養、以機械協助呼吸和心肺復蘇等維持生命的治療方法。

護老者對日間護理中心的意見

- 幫助解決護理困難
- 提供一個維持健康活動的場所
- 提供專業的護理
- 舒緩照顧者壓力，改善家庭關係
- 政府補貼對於他們能夠使用這項服務非常重要

日間護理中心的影響

- 解決未能滿足的需要
- 運用社會和行為決定因素以預防與年齡相關的衰退，解決健康不平等問題，並促進健康壽命
- 政府根據使用者收入發放日間照顧醫療券價值的模式，是減低健康不平等的一個關鍵特徵
- 可以擴大社會企業的規模，進一步發展綜合護理

　　這些社區計劃的一個特徵，就是從老年人及／或其照顧者的角度找出有什麼地方未能滿足他們的需要。由於沒有政府的資助，故此可以靈活地設計和改善項目，並且加入評估元素，從而在慈善組織的支持下，在自資方式的基礎上達至可持續發展的模式。潛在用戶有效地協助塑造這類服務的發展。設計服務時需要了解有何因素促使老年人改變生活方式以延緩衰老過程；有何因素確保長者將改變的行為納入他們的日常生活；以及這類計劃的可負擔性。將醫護人員和病人之間共同創造的元素納入計劃十分重要，而非以家長式交流。與此同時，評估計劃的一個重要部分，是與病人相關的成效措施。制定這些措施的框架與標準的健康研究工具或客

觀衡量結果並不相同。雖然如此，兩者都是同樣重要。例如，上文提及由流金匯舉辦，旨在維持／改善身體和認知功能的防衰老計劃中，聚焦小組討論到為何參加者多年來定期參加時，最常表達的原因是「他們感覺更好」。儘管評估結果顯示，計劃改善了參加者的衰老情況及認知功能，並且該轉變在統計上是顯著的，但這一事實對於他們將計劃的元素融入日常生活方式中的重要性，並不及他們「感覺更好」的因素（Yu et al, 2021; Yu & So, et al., 2020; Yu, Tong & Ho, et al., 2020）。

這些嶄新的服務模式涉及使用者共同支付的安排以及政府提供的津貼，後者包括現有機制下健康服務、日間照顧和住宿護理方面的服務券。此外，這些服務模式亦在探索如何運用創新技術促進健康老齡化。往後應為這類服務模式進行醫療技術評估，以確定其經濟和社會效益。

長者及年齡友善城市運動提倡改變市民步入老年的社會和外在環境，亦是聯合國健康老齡化行動十年2020至2030的四大行動領域之一。長者及年齡友善社區直接彰顯建立長者及年齡友善環境，以促進積極和健康老齡化的重要性。建設長者及年齡友善的環境對於維持老年人的內在能力以及他們的自主、尊嚴和福祉十分重要。在香港，預防醫療服務所取得的成功使人口出生時的預期平均壽命超越日本，成為全球之冠。香港的發展空間緊密，而且城市和戶外空間對比鮮明，為老年人居住提供了不少好處。

　　除了個人層面的社會健康決定因素（如生活方式和社會經濟特徵）外，有關外在環境和社會環境因素的影響作為健康決定因素的概念，在2000年起初經跨學科的角度在一系列的論文中得以推廣（Woo, 2013）。有關香港長者及年齡友善情況的詳細論述，包括當中的機會、措施和挑戰，可以在其他地方查閱（Philips et al., 2019）。這兩方面受世界衛生組織的長者及年齡友善理念啟發的工作，加上由香港社會服務聯會（代表社會上為香港老年人提供社區服務的非政府組織）發起的長者及年齡友善倡議，為全港性的長者及年齡友善計劃奠定了基礎。該計劃由香港賽馬會慈善信託基金牽頭，於2016年推行，並且與學術界、非政府組織、區議會和商界合作。全港各區的長者友善程度均根據長者及年齡友善的八個範疇做出評估，在參考結果以及與區議會和地區持份者磋商後，訂出該區的三年行動方案和地區為本的項目。憑藉信託基金的廣闊網絡，計劃促成了跨界別合作，包括18個區議會、相應的民政事務處和多個政府部門；與四個老年學研究機構合作，以促進專業界別和廣泛的社區參與；超過70個非政府組織積極參與以維持長者友善的動力；超過180間來自商界和公營的機構組織以「賽馬會齡活城市『全城 · 長者友善』計劃」的形式參與。上述四個研究機構共同合作，採用混合方法對全港18區的老年人友善度進行基線和終期評估；而所採用的長者及年齡友善指標均以國際數據為基準。

這些項目的最終目標，是將長者友善的理念融入社會各個層面，使項目最終達至的可持續性，能夠在所有八個範疇的改善和持續發展中得以體現出來。

為了解當地社區老年人的需求，從而確定下一步行動和改善的地方，該項目由2015年至2017年在香港18區進行了基線評估研究，當中以定量和定性方法，以評估八個範疇的長者及年齡友善程度。超過9,700名受訪者完成了問卷調查，並有七百多名參與者參加了18區的聚焦小組（共91個聚焦小組）。在這八個範疇中，社會參與（4.29 / 6）和交通（4.27 / 6）得分最高，而公民參與和就業（3.87 / 6）、房屋（3.71 / 6）以及社區與健康服務（3.67 / 6）得分最低（表4.1）。各區的每個範疇分數可參閱網頁 https://www.jcafc.hk/en/Project-Components/Comprehensive-Support-Scheme-For-Districts/Baseline-Assessment-And-Action-Plans.html。基線評估的結果為該項目提供了實質數據，有助與地區的相關持份者（例如區議員 / 民政事務處的官員、非政府組織）討論和制定針對該區的行動計劃，以解決八個範疇中得分較低的範疇，並提出適當的策略和行動步驟，以改善18個地區的長者及年齡友善程度。

自2014年起，香港中文大學賽馬會老年學研究所制定了「香港長者生活關注指數」，透過對本地有重要性的指標，連續六年就本地長者的生活質素進行全面性的評估。根據「全球長者生活關注指數」在收入保障、健康狀況、能力以及有

表4.1　十八個地區基線評估中各個長者及年齡友善範疇得分

友善城市範疇	得分
社會參與	4.29
交通	4.27
尊重和社會包容性	4.10
溝通和資訊	4.06
戶外空間和建築	4.04
公民參與和就業	3.87
房屋	3.71
社區支援和健康服務	3.67

註：參與者被要求使用6點李克特量表來評估項目，評分範圍從1（非常不同意）到6（非常同意），以表示他們認為所居住的地區具有年齡友善特點的程度。分數越高，被測量項目的年齡友善程度就越高。

利環境等四個範疇的13個指標，香港在2014年於全球97個國家及地區排名第24位。就該四個範疇而言，香港分別在「有利環境」（排名第4位）以及「健康狀況」（排名第9位）的範疇表現良好，在「能力」（排名第33位）範疇表現一般，在「收入保障」（排名第75位）範疇則表現欠佳（圖4.19）。2016年，「香港長者生活關注指數」進一步發展成為「香港長者生活質素指數」。該指數參考「全球長者生活關注指數」所採用的四個範疇，制定出22個指標，當中包括世界衛生組織所提出的長者及年齡友善概念並適用於香港的指標。該指數有助每年就長者的社會及經濟福祉進行趨勢分析，並監察和評估本地對長者友善的措施（CUHKIOA 2018g, 2020c, 2020d, 2020e）。

　　上述措施闡述了香港在營造長者及年齡友善的環境方面可以做的工作，為聯合國健康老齡化行動十年的四個領域之

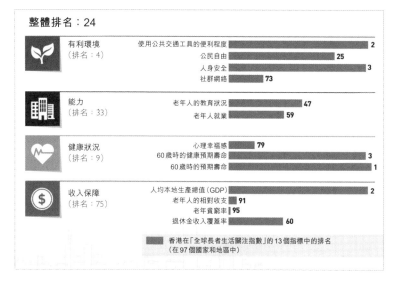

圖 4.19　2014 年「香港長者生活關注指數」排名

整體排名：24

有利環境（排名：4）
- 使用公共交通工具的便利程度　2
- 公民自由　25
- 人身安全　3
- 社群網絡　73

能力（排名：33）
- 老年人的教育狀況　47
- 老年人就業　59

健康狀況（排名：9）
- 心理幸福感　79
- 60 歲時的健康預期壽命　3
- 60 歲時的預期壽命　1

收入保障（排名：75）
- 人均本地生產總值（GDP）　2
- 老年人的相對收支　91
- 老年貧窮率　95
- 退休金收入覆蓋率　60

香港在「全球長者生活關注指數」的 13 個指標中的排名（在 97 個國家和地區中）

一提供了行動的開端。這也是一個很好的例子，説明慈善團體、學術界和非政府組織在應對需要跨界別和跨學科的社會挑戰方面可以取得的成就。

　　透過掌握我們自己的老齡化，我們將能夠塑造香港社會應對人口老齡化影響的方式。如前數段所示，從老年人自身的角度出發，我們應繼續收集老年人需求的證據，為設計和支持社區服務試點模式做出貢獻，為企業、房屋設計和老年居住安排，以及社區環境的城市規劃提供意見。據一項測算顯示，2020 年 50 歲以上人士的消費支出佔整體支出的 50%；對 GDP 的貢獻達 34% 和創造 10 億個就業職位。到 2050 年，這些數字估計為 59%、39% 和 15 億（Accius et al., 2022）。

　　如果沒有促進健康老齡化的因素，並且考慮到老齡化本身的連續性和伴隨的變化，就不可能達至居家安老。只是針對生命歷程的某個階段而採取的房屋發展模式可能不是一個解決方案。建築師和設計師需要從老年人的角度理解與年齡相關的變化。例如，隨著年齡增長，白內障的患病率會隨之增加。在白內障患者的眼中，家具在裝飾成淺奶油色調的房間中可能很難看到，但在黑白對比明顯的房間中可能更清晰可見。對深度的知覺、顏色對比和適應黑暗的能力也可能受損。如果完全是黑色和有光澤的，或者完全是奶油色的，他便可能會失足。近年來，建築師、設計師和發展商都開始在他們的項目中徵求老年人的意見。

專訪四

中大老年學教授胡令芳醫生怎麼看健康與環境？

什麼是well-being？

我不太清楚「well-being」中文該怎樣翻譯，因為無論如何翻譯，意思都比較狹窄。因此，我且繼續用英文詞彙「well-being」。這個詞不僅限於你身體健不健康、你開不開心，不是這麼窄的，而是可分為三個指標：第一，你現在是否快樂？這涉及你現在的狀況，譬如有沒有房子住？錢夠不夠？是否有朋友等等。第二，當人活到一定的歲數，回顧過去五、六十年，對自己的人生做了什麼有何感受？自己滿不滿意呢？這稱為「生活滿足度」（life satisfaction），有些人真的感到不知道自己做了什麼，可能會覺得不快樂。

最後一個，也是最有意思的是，你覺得生命有沒有意義？這其實不僅是老人家，年輕人也會提出的問題。當然，你可能會因為身體上的一些毛病，而影響到你的well-being，但是你會發現即使沒有疾病，有些人的well-being可能也很差。這不僅涉及到醫療問題，也牽涉到個人和社會之間的交流。因此，當我們談及城市的自然環境（physical environment）時這個指標很重要，它包含了許多因素，我們不應僅僅關注死亡率或糖尿病的發病率等指標。

打破「我不是老」的概念

我認為我們的社會逐漸需要意識到隨著年齡的增長，我們將面臨的問題是什麼。許多人可能沒有去思考或刻意

迴避這些問題，只是活在當下。這就是為什麼我們可以看到現在許多香港人對於「長者」這一詞語的使用持否定態度。他們可能會說自己不屬於「那些人」，好像香港社會中存在一群特定的「那些人」，而我們永遠不會成為「他們」。

這是一種年齡歧視（ageism）。遊樂場通常是為了小孩子而設計的，那八十多歲坐輪椅的人呢？其實那些人正是很喜歡跟小孩子玩的，所以在遊樂場時，即使是陌生人也好，他們也會自然地與人交談。我們必須打破「我不是老」這個概念。有些人頭髮都已經全白了，但他們仍然會說：「我不老，為什麼要叫我長者？我不會參加那些長者活動的。」仍然有人是這樣想的。首先，我們必須明白，不論年紀多大，你有一天就是會變老，身體就是會不靈活，因此社會必須解決這個難題。

最近香港大學進行了一項調查，發現抑鬱症患者數字在過去十年間持續快速上升，甚至比佔領中環時期更高。同時，有很多年輕人自殺，報紙就寫：「當然，五十歲以上的人更高，我們就不清楚為何了。」這種言論簡直是一種偏見，因為我們幾十年前就已經知道，隨著年齡增長，人們患上憂鬱症的比例也越高，老年人的自殺率遠高於年輕人。最近有人發現天氣越熱，就越多老人家自殺，但為什麼報紙沒有提及這個情況呢？報紙似乎總是只報導年輕人的事情，一旦提到年長者，就會有人說：「為什麼你常常說年紀大的，也要關注年輕人。」這種觀念成為很大的阻力，如果我們不改變這個觀念，城市中的長者友善發展將會受到很大限制。

因此，我認為透過公共教育，多講述一些相關例子是非常重要。最近這五年、十年多了人注意，因為做了很多這些（長者友善）活動。然而，隨著這些活動增多，就開始有一些反對的聲音說：「為什麼總是關注老人家？你不關注一下年輕人嗎？」我認為我們必須了解那些議題是什麼，那麼城市規劃就能改善相應的配套設施。此外，還有需要提供證據支持，例如透過研究，公開一些證據，如生活在哪一區，該區的設計是否良好，有哪些措施會讓人們更加快樂和長壽等等。讓其他人明白問題的本質，因為有很多人並不理解為什麼觀察是否有樹會影響他們的健康。雖然外國很多這些研究，但我們一定要用香港的例子來表達。

聆聽與收集長者意見

我碰巧有一個同期四千多人的群組（cohort），他們居住在香港不同地區，我們觀察他們的健康狀況，其中一個指標是觀察他們的細胞。透過測量細胞，可以量度一些東西以判斷是否會長壽。令人驚訝的是，我們發現香港不同地區之間存在差異，但是我們也知道還有很多其他因素，例如收入、教育、健康模式等等。我們將所有數據放進分析，發現你所居住的地方確實是一個獨立的因素。這難道不是一個有力的證據嗎？不要只說因為他貧窮所以住油尖旺區、沒有錢也不去看醫生、患病的機率更高等等，這些情況全世界都知道。

另外，一個很有趣的證據，為什麼香港最長壽呢？壽命的長短是一個公平的指標，但我們知道香港實際上存在

著很大的不平等，這可以從我們的基尼係數看出來，所以，沒有理由認為我們應該是全世界壽命最長的地方。但如果我們仔細觀察香港的設計，會發現有許多優點。例如媒體做出了很大的貢獻，我們應該開始在大眾媒體上公開討論這個問題，引發人們對為什麼這一點如此重要的思考。香港是全球預期壽命最長的，但也是最不平等的，每個人都在問為什麼，那我們就要開始討論，原來這一點很重要。我們的人口老齡化，每個人都居住在社區中，我們需要思考如何發展社區，讓他們能夠繼續在城市中過上品質更好的生活，而不是陷入自殺或抑鬱的境地。

我們的醫療系統已經很好了，即使你沒有錢，同樣也可以得到很多醫療福利。福利即是錢，政府提供很多福利，例如津貼。但很少有人提及環境的好處，如果我們談論一下環境的好處，並繼續發展，政府會更多地聆聽，這是社會辯論的一個平衡。此外，長者自己如何看待這個問題也很重要，好像沒有人關注他們的聲音，他們不會遊行，但他們有很多意見，因此我們需要做很多工作去收集和總結他們的意見，以幫助長者友善城市的未來發展。

* 文字整理自小松隊於 2022 年的視頻訪問。

05

其他國家在採取什麼行動？

其他國家如澳洲、新加坡、英國、挪威和美國等，均採取不同模式讓老年人能夠繼續在社區生活。這些模式包括如養老村等以休閒為主的居住社區，具支援維修房屋服務的獨立居住安排，以及不同形式的持續照料養老社區。

　　政府官員和非政府組織成員到其他國家進行實地考察是十分普遍的。日本、斯堪地納維亞國家和荷蘭是實地考察長者議題如住屋和樂齡科技的一些熱門國家。距離我們香港較近的新加坡，當地的「衛生轉型辦公室」將醫療服務系統轉型，變得以病人為本、數據驅動和數碼化，以更好地賦權健康給公眾，預防疾病和提供「價值導向」的服務。該策略旨在透過共建長者及年齡友善的社區，當中涵蓋社會及環境方面決定行為的因素，從而建立以健康為主而設計的地區，以便公眾進行健康活動。曹氏基金會首席戰略官王保羅（Paul Ong）為實現百歲人生的方法做出一個很現實的總結：令長者在並非完全健康的狀況下仍可以有意義地生活，並賦權他們成為「消費者」而不是「病人」。

・ ・ ・

綜合護理作為「全民醫療保障」的特點

作為聯合國健康老齡化行動十年的一部分，世界衛生組織持續在全球各地推廣健康老齡化的核心工作。值得注意的是，它提倡一種全民醫療保障的模式，當中包括結合醫療和社會福利的服務，盡量提升老年人的內在能力和身體機能，並作為基層護理的一部分，以應對老年人的需求。該計劃的長遠影響是期望能夠改善人民的健康預期平均壽命 (healthy life expectancy) 和福祉，減少護理依賴以及導致死亡的原因，並提升死亡質素。世界衛生組織健康老齡化臨床聯盟 (WHO Clinical Consortium for Health Ageing，簡稱CCHA) 在 2022 年 11 月的會議中展示了各國正在採取的行動。老年人綜合護理的篩檢應用程式至今已開發了八種不同語言，並供大眾免費下載使用。當中推行的內容包括為老年人綜合護理的評估提供培訓、對評估內在能力的工具進行驗證，以及在社區中使用老年人綜合護理篩檢進行先導計劃。法國正推動將老年人綜合護理計劃在基層醫療的環境下納入臨床實踐，主要目的是透過科技的幫助，測試將老年人綜合護理計劃納入現有基層醫療系統的可行性。該計劃已對 10,903 名老年人進行了基線篩檢，其中 9.3% 的參與者需要進行深入評估，並為他們制定

主要涉及運動、活力和認知方面的護理計劃（Tavassoli et al., 2022）。

世界衛生組織東南亞區辦公室為東南亞地區的國家推出了老年人綜合護理的培訓手冊。在政府的支持下，中國正在推出一個大規模培訓家居護理照顧人員的項目。到2050年，65歲或以上的長者預計佔總人口比例約47%，而依賴他人照顧的長者人數預計將增至9,600萬，預計財政需要為58,302億元人民幣。中國政府高度重視人口老化所帶來的影響，並將其納入為「十四五」規劃綱要的國家戰略。在20項主要指標中，有7項是與市民的福祉相關。作為優先處理的項目，中國已於2020年9月在北京市朝陽區推行先導計劃，以測試世界衛生組織老年人綜合護理模式在當地實行的可行性。參加者有2,200名老年人。項目包括進行篩查以及跟進的護理介入計劃和全人護理週期，以及對項目進行評估。透過自動化的方法，參加者可以自行篩查，並提供在線或離線的介入行動。評估包括與對照組做出比較。老年人綜合護理的概念透過當地網絡得以被廣泛宣傳。在選出的次樣本中，參加者會在六個月後再次進行內在能力的量度。這個涵蓋上述所有元素的計劃模式正在中國的13個城市進行。收集作為評估用途的數據包括參加者的功能和健康狀況的變化、生活方式和福祉的變化、醫療資源運用的變化和服務滿意度。對於服務提供者則會評估他們對計劃實施的滿意度和工作滿意度，亦包括照顧家庭成員的負擔指標。此外，計劃的直接

和間接成本亦會被計算在內。目前，歐洲、日本和拉丁美洲等國家正在積極探討這種綜合老年人護理模式的可行性。

　　在中國，醫養結合的概念從2015年便已經提出和得到發展。整合模式包括在安老機構設立醫療設施（反之亦然），以及安老機構與醫療機構簽署合作協定，以更好地共享資源和服務。在醫社一體化服務方面，中國的官員在2023年5月的一次演講中表示，截止2022年底，已經建立了84,000對安老機構和醫療機構的聯繫，6,986個機構已經整合了這兩種類型的服務，提供了185萬張床位。

政府營運的養老金和保險計劃

　　很多亞洲國家如中國、日本、韓國和新加坡等，均實施了由勞動人口和政府共同出資的養老金、醫療保險和長期護理保險計劃。以中國為例，其長期護理保險制度已經在49個城市實施，覆蓋1.7億人口，重點保障嚴重殘疾人士的基本生活照顧和醫療護理。使用服務通常涉及一些共同付款的安排。相對於主要以稅收支付或自付費用方式，基於保險的共同支付模式更具可持續性。

商界促進健康老齡化

　　如在第四章所述，近年來商業部門在營造宜人工作環境以及其對員工健康的影響備受關注。同樣，由於工作環境不

宜人而對員工健康產生的任何負面影響可能延續至退休期，並持續影響其健康。同樣適用於組織，它們有責任以多種方式創建支持社區健康的環境。

在英國，勵正集團委託倫敦大學學院的健康公平研究所撰寫報告，闡述企業和機構如何影響員工健康的原則，其中包括透過薪酬、福利、工作環境和工時等因素以提供優質的工作；透過為客戶和顧客提供的產品、服務和投資以支持健康公平；以及透過影響合作夥伴關係和採購、倡導和遊說、進行企業慈善活動、稅務和影響環境等方式，造福社區，如提供房屋和社區設施等（Marmot et al., 2022）。

房屋與居家安老

其他國家如澳洲、新加坡、英國、挪威和美國等，均採取不同模式讓老年人能夠繼續在社區生活。這些模式包括如養老村等以休閒為主的居住社區，具支援維修房屋服務的獨立居住安排，以及不同形式的持續照料養老社區（Continuing Care Retirement Community）（Ko et al., 2021）。例如，澳洲政府透過在社區提供多元化的居住選擇以滿足老年人的不同需求，促進居家安老，並透過支援家居維修、供應優質新單位以及由社區支持計劃所提供的資金，以照顧獨立生活程度不同的老年人，從而滿足他們對長者友善設計的小型住房的需

求。在英國，政府正在逐步引進建築法規，在主流房屋的設計中為老年人創造一個長者及年齡友善的環境，當中訂出三級的標準，涵蓋可到達的住宅（visitable dwellings）、無障礙及可供輪椅使用者的房屋。儘管後兩級標準並沒有約束力，但可作為遵循的基準，並透過確保其建築環境的可達性、靈活性、適應性和包容性來幫助改善社區。在美國，確保老年人能根據他們的喜好擁有既經濟實惠、安全以及體面的居住環境是解決他們問題的關鍵之一。安老按揭計劃能讓老年人即時使用其部分資產而不會損害他們的居住權。有些城市（例如紐約州）便成立了自發退休社區（Naturally Occurring Retirement Community，簡稱NORC），以方便老年人就地養老。該計劃適用於樓宇內有250名老年居民，或者在一個社區內有500名老年居民，他們佔總人口的40%以上，其中大多數是低或中等收入的人士。透過政府提供的配套資金，自發退休社區的長者可以實惠的價格獲得社會福利和醫療資源。居民同時可以獲得交通津貼和家居改造服務等資源。

這些計劃為不同的居住模式提供支持，包括老年人獨立生活、輔助支援生活，與其他老年人共同生活和跨代共同生活。同樣地，各種類型的支援服務亦按資助模式而提供給老年人。例如在新加坡，建屋發展局與新加坡國家發展部以及新加坡衛生部合作，為老年人提供更多類型的房屋選擇。那些部門早前開發海軍部村莊（Kampung Admiralty）項目，在

圖 5.1　新加坡社區護理公寓的長者友善設計及設施

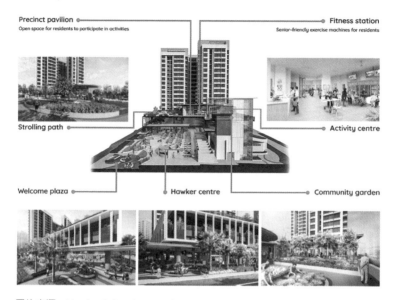

圖片來源：Housing & Development Board & Ministry of Health (Government of Singapore)。

資料來源：https://www.hdb.gov.sg/cs/infoweb/about-us/news-and-publications/press-releases/10122020-Singapores-First-Assisted-Living-Flats-to-be-Launched-in-February-2021。

一個易達的地點興建長者友善的住宅，並且包括醫療中心和社區花園等綜合的設施。繼該項目取得成功後，現時正共同努力發展社區護理公寓（Community Care Apartments，簡稱CCA）的概念（圖5.1–5.2）。居民所簽訂的長期合約，當中包括了公寓價格和24小時的緊急監測和基本健康檢查等基本護理服務。該綜合大樓每層均設有公共空間以促進社交互動、共享活動和社區參與。該公寓的工作人員亦會聯絡相關的服務供應商，以可選服務的形式滿足住客在健康和其他方

面的需求，並促進健康的生活方式。近來，社區護理公寓計劃提供更大的公寓面積（例如三房和四房的單位），以促進跨代成員之間的聯繫。這種綜合和全面的設計已成為新加坡所有新建公共房屋規劃的標準方式。

香港可以研究並採用其中的一些模式，但應盡量切合本地需要，以免在沒有切合本地的情況下盲目購買和安裝產品，以及抄襲房屋發展的模式。

圖 5.2　新加坡海軍部村莊。由公寓俯瞰的屋頂社區公園，
　　　　促進居民的健康生活

圖片來源：Patrick Bingham-Hall、WOHA。
資料來源：https://woha.net/project/kampung-admiralty/。

總　結

　　香港的人口變化帶來許多社會挑戰，這與英國和美國等西方國家相似，即由於社會經濟不平等、生活方式因素和新冠疫情，導致出生時總預期平均壽命的增長似乎停滯或下降。目前在英國，市民的壽命中有五分之一都是健康不佳，貧富人口之間的健康預期平均壽命相差 20 年，並且呈擴大的趨勢。如果我們關心健康老齡化，我們需要定期收集數據來監測健康預期平均壽命的趨勢，並制定健康和社會福利政策，以確保總預期平均壽命的增加，並非伴隨著停滯或下降的健康預期平均壽命，導致慢性疾病和依賴性負擔急速增加。香港不應滿足於出生時預期平均壽命的提升，便認為代表醫療和社會福利制度的成功，反而應收集有關健康預期平均壽命的相關數據，並按照在量子健康長壽（Quantum Healthy Longevity）藍圖中提出的跨界別方法，為未來做好準

備（Woods et al., 2022）。後者採用社會性的方法，涵蓋導致疾病和加速衰老過程的所有累積因素（生活方式、心理、身體和社會環境）、科技的運用、促進大腦健康、跨代和數碼代參與、健康公平和同情心作為核心社會價值。依據這些概念的指數正在開發中，以便將「健康」元素增加到各種公司和組織廣泛採用的環境、社會和治理框架（ESG）標準中，以建立ESHG框架。這種方法涉及整個社會而非只是醫療服務提供者的責任，我們所有人都需要加入成為這場運動的一部分，以發揮我們的健康老齡化的最大潛能。我們必須明白，實現健康老齡化需要超越預防非傳染性疾病的範圍，而包括應對（和延緩）衰老過程本身。後者只能透過衰老生物學和臨床轉化領域的協作網絡來實現。

追求實現健康老齡化應包括以生命歷程方法來考慮社會決定因素。除醫療和社會福利外，還應將社會決定因素納入制定政策的過程中，並採用如腦退化症日托模式所展示的普遍比例主義原則，令最需要幫助的人按比例獲得更多支援（Chan et al., 2022）。

目前，要實現聯合國健康老齡化行動十年所提倡的健康老齡化目標，仍有大量工作需要處理的，並需要訂立建議指引協助各國制定政策。雖然香港不是一個國家，而是中國的一個特別行政區，但它有自己的醫療和社會福利政策。目前香港面臨人口老化問題，並且擁有全球最長的出生時預期平

均壽命，因此需要制定綜合政策以促進健康老齡化。如果政策真正以使用者而非服務提供者為中心，那麼政策就需要由老年人自己塑造。為了實現這一目標，我們需要推動改變社會的觀念；採用跨界別的方法；解決長期護理問題；篩查非傳染性疾病以外的與年齡相關的綜合症，並有跟進計劃。令人鼓舞的是，近年來在賽馬會慈善信託基金的支持下，多個項目都採用了這種方法。例如賽馬會社會創新設計院 (JCDISI) 強調設計的共同創造和創新，涵蓋了世界衛生組織長者及年齡友善城市概念的八個範疇 (CUHKIOA, 2016a, 2016b, 2018b, 2018c, 2018d)；以及上述各種賽馬會慈善信託基金所發起的項目 (賽馬會齡活城市計劃、賽馬會 e 健樂電子健康管理計劃、賽馬會流金頌護老有 e 道計劃、賽馬會安寧頌和賽馬會流金匯模式)。

居家安老的概念吸引了房屋發展商，以長者在聚焦小組中表達的理想為基礎作為建屋的模式。此外，隨著馬穆就商界如何促進健康公平的報告中提出的原則，一間總部位於香港的地產商率先推出了每周工作四天半的可能性，旨在解決員工平衡工作與生活的問題，並提高工作滿足感。這些策略可能不但不會減少工作成效，反而有可能提高生產力和減少病假的數目。最後，這些改變應該從我們自己開始，對我們自己的老齡化負責，參與社會企業的共同創建，為健康老齡化做出貢獻，並影響政府政策。

　　總括而言，我們需要從活到100歲的角度來思考問題，當中健康老齡化並非集中關注沒有疾病，而是考慮到健康老齡化的社會決定因素，從而關注延長健康壽命。為了實現這個目標，我們除了考慮財務管理之外，亦需要考慮如何以及在何處工作和生活。我們需要改變自己的心態，避免自我導引地接受了年齡歧視的想法，並積極主動地為共同創造有利於健康老齡化的外在和社會環境做出貢獻，從而掌握自己的老齡化。

參考文獻

中文書目

江思樺、余浩欣、梁倩文、湯美斯、鄭棣方、賴雋喬與譚諾欣（2022）。
《吾該活在何方？尋覓香港長者的理想居所》。香港：香港中文大學
賽馬會老年學研究所。https://www.ioa.cuhk.edu.hk/images/ehealth/
ehealth_booklet22.pdf

英文書目

Accius, J., Ladner, J., & Alexander, S. (2022). *The global longevity economy® outlook: People age 50 and older are making unprecedented economic contributions and creating opportunity for every generation.* Washington, DC: AARP Thought Leadership, November 2022. https://doi.org/10.26419/int.00052.001

Allen, M., Marmot, M., & Allwood, D. (2022). Taking one step further: Five equity principles for hospitals to increase their value as anchor institutions. *Future Healthcare Journal*, *9*(3), 216–221. https://pubmed.ncbi.nlm.nih.gov/36561807/

Bloom, D. E. (2022). Healthy ageing for a healthy economy. WHO Clinical Consortium on Healthy Ageing, Geneva.

British Geriatrics Society (BGS) (2018). *Fit for Frailty, Part 1.* https://www.bgs.org.uk/sites/default/files/content/resources/files/2018-05-14/fff2_short_0.pdf

Cesari, M., Prince, M., Thiyagarajan, J. A., De Carvalho, I. A., Bernabei, R., Chan, P., Gutierrez-Robledo, L. M., Michel, J. P., Morley, J. E., Ong, P., Rodriguez Manas, L., Sinclair, A., Won, C. W., Beard, J., & Vellas, B. (2016). Frailty: An emerging public health priority. *Journal of the American Medical Directors Association*, *17*(3), 188–192. https://doi.org/10.1016/j.jamda.2015.12.016

Chan, P. H., McGhee, S. M., & Woo, J. (2013). Population aging: Impact of common chronic diseases on health and social services. In J. Woo (Ed.), *Aging in Hong Kong: A comparative perspective* (pp. 115–156). Springer.

Chan, S. M., Chung, G. K., Kwan, M. H., & Woo, J. (2022). Mitigating inequalities in community care needs of older adults with dementia: A qualitative case study of an integrated model of community care operated under the proportionate universalism principle. *BMC Primary Care*, *23*(1), 244. https://doi.org/10.1186/s12875-022-01855-z

Chau, A. & Lee, R. (2022, September 30). More must be done to end inequalities Hong Kong's elderly women face. *South China Morning Post.* https://www.scmp.com/comment/letters/article/3194094/more-must-be-done-end-inequalities-hong-kongs-elderly-women-face

Cheung, J. T. K., Yu, R., Wu, Z., Wong, S. Y. S., & Woo, J. (2018). Geriatric syndromes, multimorbidity, and disability overlap and increase healthcare use among older Chinese. *BMC Geriatrics*, *18*(1), 147. https://doi.org/10.1186/s12877-018-0840-1

Chung, G. K., Robinson, M., Marmot, M., & Woo, J. (2022). Monitoring socioeconomic inequalities in health in Hong Kong: Insights and lessons from the UK and Australia. *The Lancet Regional Health - Western Pacific*, 31, 100636. https://doi.org/10.1016/j.lanwpc.2022.100636

Chung, R. Y., Lai, D. C. K., Hui, A. Y., Chau, P. Y., Wong, E. L., Yeoh, E. K., & Woo, J. (2021). Healthcare inequalities in emergency visits and hospitalisation at the end of life: A study of 395 019 public hospital records. *BMJ Supportive Palliative Care.* https://doi.org/10.1136/bmjspcare-2020-002800

Cox, L. S., & Faragher, R. G. A. (2022). Linking interdisciplinary and multiscale approaches to improve healthspan-a new UK model for collaborative research networks in ageing biology and clinical translation. *The Lancet*

Healthy Longevity, 3(5), e318–e320. https://doi.org/10.1016/S2666-7568 (22)00095-2

CUHKIHE. (2022). *Health inequalities in Hong Kong: A life course approach.* https://www.ihe.cuhk.edu.hk/wp-content/uploads/Health-Inequalities-in-Hong-Kong_A-Life-Course-Approach-Report.pdf

CUHKIOA. (2016a). *Jockey Club age-friendly city project action plan: Sha Tin.* https://www.jcafc.hk/uploads/docs/Sha_Tin_Action_Plan_Jun2017-(1).pdf.

CUHKIOA. (2016b). *Jockey Club age-friendly city project action plan: Tai Po.* https://www.jcafc.hk/uploads/docs/Tai_Po_Action_Plan_Jun2017.pdf

CUHKIOA. (2016c). *Jockey Club age-friendly city project baseline assessment report: Sha Tin.* https://www.jcafc.hk/uploads/docs/Shatin-output-new_20190719.pdf

CUHKIOA. (2016d). *Jockey Club age-friendly city project baseline assessment report: Tai Po.* https://www.jcafc.hk/uploads/docs/Tai_Po-output_new_20190719.pdf

CUHKIOA. (2016e). *Report on AgeWatch Index for Hong Kong 2014.* https://www.jcafc.hk/uploads/docs/Report-on-AgeWatch-Index-for-Hong-Kong-2014-(final).pdf

CUHKIOA. (2017a). *AgeWatch index for Hong Kong: Topical report on enabling environment.* https://www.jcafc.hk/uploads/docs/Topical-Report-on-Enabling-Environment-1.pdf

CUHKIOA. (2017b). *Jockey Club age-friendly city project baseline assessment report: Kwai Tsing.* https://www.jcafc.hk/uploads/docs/Kwai_Tsing_output-revised_20190719.pdf

CUHKIOA. (2017c). *Jockey Club age-friendly city project baseline assessment report: North.* https://www.jcafc.hk/uploads/docs/North-output-new_20190719.pdf

CUHKIOA. (2017d). *Jockey Club age-friendly City report baseline assessment report: Sai Kung.* https://www.jcafc.hk/uploads/docs/Sai_Kung-output-revised_20190719.pdf

CUHKIOA. (2018a). *AgeWatch index for Hong Kong: Topical report on health status.* https://www.jcafc.hk/uploads/docs/AgeWatch_Index_Topical_Report_on_Health_Status.pdf

CUHKIOA. (2018b). *Jockey Club age-friendly city project action plan: Kwai Tsing.* https://www.jcafc.hk/uploads/docs/Kwai_Tsing_Action_Plan_Feb2019.pdf

CUHKIOA. (2018c). *Jockey Club age-friendly city project action plan: North.* https://www.jcafc.hk/uploads/docs/North_Action_Plan_Feb2019.pdf

CUHKIOA. (2018d). *Jockey Club age-friendly city project action plan: Sai Kung.* https://www.jcafc.hk/uploads/docs/Sai_Kung_Action_Plan_Feb2019.pdf

CUHKIOA. (2018e). *Jockey Club age-friendly city project cross-district Report on baseline assessment (pilot districts).* https://www.jcafc.hk/uploads/docs/Cross_district_report_final_20180118_v4.pdf

CUHKIOA. (2018f). *Report on AgeWatch index for Hong Kong 2015.* https://www.jcafc.hk/uploads/docs/Report-on-AgeWatch-Index-for-Hong-Kong-2015.pdf

CUHKIOA. (2018g). *Report on AgeWatch index for Hong Kong 2016 and Hong Kong elder quality of life index.* https://www.jcafc.hk/uploads/docs/AgeWatch_Index_Report_for_HK_Yr2016(updated).pdf

CUHKIOA. (2019a). *Jockey Club age-friendly city project cross-district report of baseline assessment on age-friendliness (18 districts).* https://www.jcafc.hk/uploads/docs/Cross-district-report-of-baseline-assessment-on-age-friendliness-(18-districts).pdf

CUHKIOA. (2019b). *Jockey Club age-friendly city project final assessment report Tai Po.* https://www.jcafc-port.hk/wp-content/uploads/2022/06/Final-Assessment-report-Tai-Po.pdf

CUHKIOA. (2019c). *Jockey Club age-friendly city project final assessment report Sha Tin.* https://www.jcafc-port.hk/wp-content/uploads/2022/06/Final-Assessment-Report-Sha-Tin.pdf

CUHKIOA. (2020a). *AgeWatch index for Hong Kong: Topical report on capability.* https://www.jcafc.hk/uploads/docs/Topical-Report-Capability_final.pdf

CUHKIOA. (2020b). *AgeWatch index for Hong Kong: Topical report on income security.* https://www.jcafc.hk/uploads/docs/Topical-Report-Income-Security_final.pdf

CUHKIOA. (2020c). *Report on Hong Kong elder quality of life index incorporating AgeWatch index for Hong Kong 2017.* https://www.jcafc.hk/uploads/docs/EQOL-2017_final.pdf

CUHKIOA. (2020d). *Report on Hong Kong elder quality of life index incorporating AgeWatch index for Hong Kong 2018.* https://www.jcafc.hk/uploads/docs/EQOL-2018_final.pdf

CUHKIOA. (2020e). *Report on Hong Kong elder quality of life Index incorporating AgeWatch index for Hong Kong 2019.* https://www.jcafc.hk/uploads/docs/HKEQOL_2019_final_online(v2).pdf

CUHKIOA. (2021a). *Age-friendly city guidebook practical guidance and resources for Age-friendly city development in Hong Kong.* https://www.jcafc-port.hk/wp-content/uploads/2021/12/P171_Age-friendly-City-Guidebook.pdf

CUHKIOA. (2021b). *Jockey Club age-friendly city project final assessment report: Kwai Tsing.* https://www.jcafc-port.hk/wp-content/uploads/2022/12/JCAFC_Final-Assessment-Report_Kwai-Tsing_20211025.pdf

CUHKIOA. (2021c). *Jockey Club age-friendly city project final assessment report: North.* https://www.jcafc-port.hk/wp-content/uploads/2022/12/JCAFC_Final-Assessment-Report_North_20211026.pdf

CUHKIOA. (2021d). *Jockey Club age-friendly city project final assessment report: Sai Kung.* https://www.jcafc-port.hk/wp-content/uploads/2022/12/Final-Assessment-Report-Sai-Kung.pdf

CUHKIOA. (2022a). *Jockey Club age-friendly city project evaluation report.* https://www.jcafc-port.hk/wp-content/uploads/2022/05/JCAFC-Project-Evaluation-Report_final-for-web-uploading.pdf

CUHKIOA. (2022b). *Thematic report series on the concept of an age-friendly city in Hong Kong—communication and information.* https://www.jcafc.hk/uploads/docs/Thematic-report-on-Communication-and-Information.pdf

CUHKIOA. (2022c). *Thematic report series on the concept of an age-friendly city in Hong Kong—community support and health services.* https://www.jcafc-port.hk/wp-content/uploads/2022/05/Thematic-report-on-Community-Support-and-Health- Services.pdf

CUHKIOA. (2022d). *Thematic report series on the concept of an age-friendly city in Hong Kong—outdoor spaces and buildings.* https://www.jcafc-port.hk/wp-content/uploads/2022/05/Thematic-report-on-Outdoor-Spaces-and-Buildings.pdf

CUHKIOA. (2022e). *Thematic report series on the concept of an age-friendly city in Hong Kong – Transportation.* https://www.jcafc-port.hk/wp-content/uploads/2022/05/Thematic-report-on-Transportation.pdf

HKSAR, Census and Statistics Department. (2009). Thematic Household Survey Report No. 40. Socio-demographic Profile, Health Status and Self-care Capability of Older Persons. https://www.statistics.gov.hk/pub/B11302402009XXXXB0100.pdf

HKSAR, Census and Statistics Department. (2015). Thematic Household Survey Report No. 58. Socio-demographic Profile, Health Status and Self-care

Capability of Older Persons. https://www.statistics.gov.hk/pub/B11302582015 XXXXB0100.pdf

HKSAR, Census and Statistics Department. (2019). *Hong Kong Poverty Situation Report 2018.* https://www.statistics.gov.hk/pub/B9XX0005E2018AN18 E0100.pdf

HKSAR, Census and Statistics Department. (2020). *Hong Kong poverty situation report 2019.* https://www.commissiononpoverty.gov.hk/eng/pdf/Hong_ Kong_Poverty_Situation_Report_2019.pdf

HKSAR, Census and Statistics Department. (2021). *Hong Kong poverty situation report 2020.* https://www.censtatd.gov.hk/en/data/stat_report/product/ B9XX0005/att/B9XX0005E2020AN20e0100.PDF

Ho, S. C., Chan, A., Woo, J., Chong, P., & Sham, A. (2009). Impact of caregiving on health and quality of life: A comparative population-based study of caregivers for elderly persons and noncaregivers. *The Journals of Gerontology Series A Biological Sciences and Medical Sciences, 64*(8), 873–879. https://doi. org/10.1093/gerona/glp034

Holt-Lunstad, J. & Perissinotto, C. (2023). Social isolation and loneliness as medical issues. *The New England Journal of Medicine, 388*(3),193–195. http://doi.org/10.1056/NEJMp2208029

Hospital Authority. (2023, September 30). *Waiting time for stable new case booking at specialist out-Patient clinics.* https://www.ha.org.hk/haho/ho/sopc/dw_ wait_ls_eng.pdf

Kleinman A., Eisenberg L., & Good B. (1978). Culture, illness, and care: Clinical lessons from anthropologic and cross-cultural research. *Annals of Internal Medicine; 88*(2), 251–258.

Ko et al., (2021). Research study on the residential design guide for healthy aging in Hong Kong, unpublished report.

Marmot, M., Alexander, M., Allen, J., & Munro, A. (2022). *The business of health equity: The Marmot review for industry.* UCL Institute of Health Equity.

Mavrodaris, A., Lafortune, L., & Brayne, C. E. (2022). The future longevity: Designing a synergistic approach for healthy ageing, sustainability, and equity. *The Lancet Healthy Longevity, 3*(9), e584–e586. https://doi.org/ 10.1016/S2666-7568(22)00145-3

Meier, E. A., Gallegos, J. V., Thomas, L. P., Depp, C. A., Irwin, S. A., & Jeste, D. V. (2016). Defining a good death (successful dying): Literature review and a call for research and public dialogue. *The American Journal of Geriatric Psychiatry, 24*(4), 261–271. https://doi.org/10.1016/j.jagp.2016.01.135

Ng, R., Allore, H. G., Trentalange, M., Monin, J. K., & Levy, B. R. (2015). Increasing negativity of age stereotypes across 200 years: Evidence from a database of 400 million words. *PLoS One, 10*(2), e0117086. https://doi.org/10.1371/journal.pone.0117086

Ni, M. Y., Canudas-Romo, V., Shi, J., Flores, F. P., Chow, M. S. C., Yao, X. I., Ho, S. Y., Lam, T. H., Schooling, C. M., Lopez, A. D., Ezzati, M., & Leung, G. M. (2021). Understanding longevity in Hong Kong: A comparative study with long-living, high-income countries. *The Lancet Public Health, 6*(12), e919–e931. https://doi.org/10.1016/S2468-2667(21)00208-5

Philips, D. R., Woo, J., Cheung, F., Wong, M., & Chau, P. H. (2019). Exploring the age-friendliness of Hong Kong: Opportunities, initiatives and challenges in an ageing Asian city. In T. Buffel, S. handler, & C. Phillipson (Eds.), *Age-friendly Cities and Communities: A global perspective* (pp. 119–142). Policy Press.

Stroud, L. R., Salovey, P., & Epel, E. S. (2002). Sex differences in stress responses: Social rejection versus achievement stress. *Biological Psychiatry, 52*(4), 318–327. https://doi.org/10.1016/s0006-3223(02)01333-1

Tavassoli, N., de Souto Barreto, P., Berbon, C., Mathieu, C., de Kerimel, J., Lafont, C., Takeda, C., Carrie, I., Piau, A., Jouffrey, T., Andrieu, S., Nourhashemi, F., Beard, J. R., Soto Martin, M. E., & Vellas, B. (2022). Implementation of the WHO integrated care for older people (ICOPE) programme in clinical practice: A prospective study. *The Lancet Healthy Longevity, 3*(6), e394–e404. https://doi.org/10.1016/S2666-7568(22)00097-6

The Lancet Healthy Longevity. (2022). Ageing populations: Unaffordable demography. *The Lancet Healthy Longevity, 3*(12), e804. https://doi.org/10.1016/S2666-7568(22)00272-0

Thiyagarajan, J., Mikton, C., Harwood, R. H., Gichu, M., Gaigbe-Togbe, V., Jhamba, T., Pokorna, D., Stoevska, V., Hada, R., Steffan, G. S., Liena, A., Rocard, E., & Diaz, T. (2022). The UN decade of healthy ageing: Strengthening measurement for monitoring health and wellbeing of older people. *Age Ageing*, *51*(7). https://doi.org/10.1093/ageing/afac147

Wang D., Lau K. K., Yu R., Wong S. Y. S., Kwok T. T. Y., & Woo J. (2017). Neighbouring green space and mortality in community-dwelling elderly Hong Kong Chinese: A cohort study. *BMJ Open*; 7(7), e015794. https://www.ncbi.nlm.nih.gov/pubmed/28765127

Wong, M., Yu, R., & Woo, J. (2017). Effects of perceived neighbourhood environments on self-rated health among community-dwelling older Chinese. *International Journal of Environmental Research and Public Health*, *14*(6). https://doi.org/10.3390/ijerph14060614

Woo, J. (2013). *Aging in Hong Kong: A comparative perspective*. Springer.

Woo, J. (2020). The myth of filial piety as a pillar for care of older adults among Chinese populations. *Advances in Geriatric Medicine and Research*, *2*(2), e200012.

Woo, J. (2021). The need for an evidence based COVID-19 pandemic response policy that incorporates risk benefit considerations, that does not accentuate health inequalities, and guided by ethical principles—Hong Kong as a case study. *International Medical Case Reports Journal*, *1*(6), 1–9.

Woo, J. (2022a). Death among plenty—how disjointed policies failed older people living in residential care in times of COVID-19. *Journal of Medicine and Public Health*, *3*, 1046.

Woo, J. (2022b). Healthcare for older people in Asia. *Age and Ageing*, *51*(1). https://doi.org/10.1093/ageing/afab189

Woo, J. (2022c). Are COVID-19 Pandemic policies good for public health. *Medicine and Public Health 1*(1), 11–14. https://doi.org/10.56831/PSMPH-01-003

Woo, J., Chan, R., Leung, J., & Wong, M. (2010). Relative contributions of geographic, socioeconomic, and lifestyle factors to quality of life, frailty, and mortality in elderly. *PLoS One*, *5*(1), e8775. https://doi.org/10.1371/journal.pone.0008775

Woo, J. & Chau, P. P. (2009). Aging in Hong Kong: The institutional population. *Journal of the American Medical Directors Association*, *10*(7), 478–485. https://doi.org/10.1016/j.jamda.2009.01.009

Woo, J., Goggins, W., Sham, A., & Ho, S. C. (2005). Social determinants of frailty. *Gerontology, 51*(6), 402–408. https://doi.org/10.1159/000088705

Woo, J., Goggins, W., Zhang, X., Griffiths, S., & Wong, V. (2010). Aging and utilization of hospital services in Hong Kong: Retrospective cohort study. *International Journal of Public Health*, *55*(3), 201–207. https://doi.org/ 10.1007/s00038-009-0068-0

Woo, J., Leung, D., Yu, R., Lee, R., & Hung, W. (2021). Factors affecting trends in societal indicators of ageing well in Hong Kong: Policies, politics and pandemics. *The Journal of Nutrition, Health & Aging* 2021, *25*(3), 325–329. https://doi: 10.1007/s12603-020-1488-z

Woo, J., Lynn, H., Leung, J., & Wong, S. Y. (2008). Self-perceived social status and health in older Hong Kong Chinese women compared with men. *Women Health*, *48*(2), 209–234. https://doi.org/10.1080/03630240802313563

Woo, J., Yu, R., Cheung, K., & Lai, E. T. C. (2020). How much money is enough? Poverty and health in older people. *The Journal of Nutrition, Health & Aging*, *24*(10), 1111–1115.

Woo, J., Yu, R., Leung, G., Chiu, C., Hui, A., & Ho, F. (2021). An integrated model of community care for older adults: Design, feasibility and evaluation of impact and sustainability. *Aging Medicine and Healthcare*, *12*(3), 105–113. https://doi.org/10.33879/Amh.123.2021.07067

Woo, J., Yu, R., Wong, M., Yeung, F.,Wong M., & Lum, C. (2015). Frailty screening in the community using the FRAIL Scale. *Journal of the American Medical Directors Association*, *16*(5), 412–419. https://doi.org/10.1016/ j.jamda.2015.01.087

Woods, T., Palmarini, N., Corner, L., Barzilai, N., Bethell, L. J., Cox, L. S., Eyre, H., Ferrucci, L., Fried, L., Furman, D., Kennedy, B., Roddam, A., Scott, A., & Siow, R. C. (2022). Quantum healthy longevity for healthy people, planet, and growth. *The Lancet Healthy Longevity*, *3*(12), e811–e813. https:// doi.org/10.1016/S2666-7568(22)00267-7

World Health Organization. (2020). *Decade of healthy ageing: Baseline report*. Geneva: World Health Organization. https://www.who.int/publications/i/ item/9789240017900

World Health Organization. (2021). *Global report on ageism*. Geneva: World Health Organization. http://www.who.int/publications/i/item/9789240016866

Yeoh, E. K. & Lai, H. Y. A. (2016). *An Investment for the Celebration of Aging*.

Yu, R., Cheung O, Leung J, et al. (2019). Is neighbourhood social cohesion associated with subjective well-being for older Chinese people? The neighbourhood social cohesion study. *BMJ Open, 9*(5), e023332. https://www.ncbi.nlm.nih.gov/pubmed/31079078

Yu, R., Leung, G., Leung, J., Cheng, C., Kong, S., Tam, L. Y., & Woo, J. (2022). Prevalence and distribution of intrinsic capacity and its associations with health outcomes in older people: The Jockey Club community eHealth care project in Hong Kong. *The Journal of Frailty & Aging, 11*(3), 302–308. https://doi.org/10.14283/jfa.2022.19

Yu, R., Leung, G., & Woo, J. (2021). Randomized controlled trial on the effects of a combined intervention of computerized cognitive training preceded by physical exercise for improving frailty status and cognitive function in older adults. *International Journal of Environmental Research and Public Health, 18*(4). https://doi.org/10.3390/ijerph18041396

Yu, R., Leung, J., Lum, C. M., Auyeung, T. W., Lee, J. S. W., Lee, R., & Woo, J. (2019). A comparison of health expectancies over 10 years: Implications for elderly service needs in Hong Kong. *International Journal of Public Health, 64*(5), 731–742. https://doi.org/10.1007/s00038-019-01240-1

Yu, R., So, M. C., Tong, C., Ho, F., & Woo, J. (2020). Older adults' perspective towards participation in a multicomponent frailty prevention program: A qualitative study. *The Journal of Nutrition, Health & Aging, 24*(7), 758–764. https://doi.org/10.1007/s12603-020-1369-5

Yu, R., Tong, C., Ho, F., & Woo, J. (2020). Effects of a multicomponent frailty prevention program in prefrail community-dwelling older persons: A randomized controlled trial. *Journal of the American Medical Directors Association, 21*(2), 294.E291–294.E210. https://doi.org/10.1016/j.jamda.2019.08.024

Yu, R., Tong, C., Leung, J., & Woo, J. (2020). Socioeconomic inequalities in frailty in Hong Kong, China: A 14-year longitudinal cohort study. *International Journal of Environmental Research and Public Health, 17*(4). https://doi.org/10.3390/ijerph17041301